U0096781

基督教文化研究丛书

主编 何光沪 高师宁

九编 第 15 册

明清民初基督教高等教育空间叙事研究——中国教会大学遗存考(第二卷:福建协和神学院)

刘 平 著

花木兰文化事业有限公司

国家图书馆出版品预行编目资料

明清民初基督教高等教育空间叙事研究——中国教会大学遗存考（第二卷：福建协和神学院）／刘平 著 -- 初版 -- 新北市：花木兰文化事业有限公司，2023〔民112〕
序4+目2+180面；19×26公分
（基督教文化研究丛书 九编 第15册）
ISBN 978-626-344-230-6（精装）
1.CST：高等教育 2.CST：教会学校 3.CST：历史 4.CST：中国
240.8　　111021874

ISBN-978-626-344-230-6

9 786263 442306

基督教文化研究丛书
九编　第十五册　　ISBN：978-626-344-230-6

明清民初基督教高等教育空间叙事研究——中国教会大学遗存考（第二卷：福建协和神学院）

作　　者 刘　平
主　　编 何光沪、高师宁
执行主编 张　欣
企　　划 北京师范大学基督教文艺研究中心
总 编 辑 杜洁祥
副总编辑 杨嘉乐
编辑主任 许郁翎
编　　辑 张雅淋、潘玟静　美术编辑 陈逸婷
出　　版 花木兰文化事业有限公司
发 行 人 高小娟
联络地址 台湾235 新北市中和区中安街七二号十三楼
电话：02-2923-1455／传真：02-2923-1452
网　　址 http://www.huamulan.tw 信箱 service@huamulans.com
印　　刷 普罗文化出版广告事业
初　　版 2023年3月
定　　价 九编20册（精装）新台币56,000元

明清民初基督教高等教育空间叙事研究——
中国教会大学遗存考（第二卷：福建协和神学院）

刘平 著

作者简介

刘平，男，1969年生，哲学博士。曾在加拿大英属哥伦比亚大学维真学院（Regent College at UBC，2000–2001）等地进修，美国加州大学贝克莱分校（UC at Berkeley，2004–2005年）、美国协同神学院（Concordia Seminary at St. Louis，2005年）、英国牛津大学（Oxford University, 2007年）、美国西敏神学院（Westminster Theological Seminary at Penn.，2012年）、香港汉语基督教文化研究所（2013年，2017年）、加拿大英属哥伦比亚大学维真学院（2015年）以及香港中文大学（2016年）访问学者。现为复旦大学哲学学院宗教学系教授，主要研究领域为犹太教、圣经学、汉语神学等。担任中国宗教学会理事、山东大学教育部犹太教与跨宗教中心（教育部重点人文社科基地）兼职研究员。曾在《世界宗教研究》、《道风》、《维真学刊》、《犹太研究》、《世界宗教文化》等学术刊物发表各类论译文、中英文50余篇，出版（合）译著10部、专著3部、书评集1部。代表性（合）译著：《圣经正典》（上海人民出版社，2008年）、《犹太政治传统》（第一卷，2011年，华东师范大学出版社）；代表性专著：《建构中的汉语圣经学》（2014年，香港）。开设“圣经精读”等十门课程。

提　　要

本书是“明清民初基督教高等教育空间叙事研究——中国教会大学遗存选考”第二卷。不同于第一卷的是，本卷聚焦于一所新教高等教育机构——福建协和神学院。本卷继续从宗教学角度全面展现这所仅存5年的教会大学在空间变迁过程中的宗教性，以及中华人民共和国建立后它的遗存信息。就这所由福建三公会（美国公理会、美北美以美会、大英教会即英国圣公会）联合创办的神学高等教育机构的宗教性而言，宗派背景、办学历程、主要代表人物在宗教学学术研究上所取得的成果，以及与现代中国反帝爱国运动之间的关系等，都足以表达出这种宗教性具有丰富而复杂的多元向度，足以让当代读者在全面了解这所早已湮没在时间洪流之中的高校历史以及遗存之同时，对教会大学研究的宗教学视角有所感触：同一个历史对象，在视角转换之后，认识到它本身就已具备的内涵，不是我们丰富了这个对象的内在结构，而是让我们的视角变得更加客观与诚实。

本书献给
献身于近现代中国高等教育的传教士

已过二十世纪以来，千千万万宝贵的性命、心爱的奇珍、崇高的地位以及灿烂的前途，都曾“枉费”在主耶稣身上。对这些爱主的人，祂是全然可爱，配得他们献上的一切。他们浇在主身上的不是枉费，乃是馨香的见证，见证祂的甘甜。（“中文恢复本”《马太福音》26：8 注释 1）

“基督教文化研究丛书”总序

何光沪 高师宁

基督教产生两千年来，对西方文化以至世界文化产生了广泛深远的影响——包括政治、社会、家庭在内的人生所有方面，包括文学、史学、哲学在内的所有人文学科，包括人类学、社会学、经济学在内的所有社会科学，包括音乐、美术、建筑在内的所有艺术门类……最宽广意义上的“文化”的一切领域，概莫能外。

一般公认，从基督教成为国教或从加洛林文艺复兴开始，直到启蒙运动或工业革命为止，欧洲的文化是彻头彻尾、彻里彻外地基督教化的，所以它被称为“基督教文化”，正如中东、南亚和东亚的文化被分别称为“伊斯兰文化”、“印度教文化”和“儒教文化”一样——当然，这些说法细究之下也有问题，例如这些文化的兴衰期限、外来因素和内部多元性等等，或许需要重估。但是，现代学者更应注意到的是，欧洲之外所有人类的生活方式，即文化，都与基督教的传入和影响，发生了或多或少、或深或浅、或直接或间接，或片面或全面的关系或联系，甚至因它而或急或缓、或大或小、或表面或深刻地发生了转变或转型。

考虑到这些，现代学术的所谓“基督教文化”研究，就不会限于对“基督教化的”或“基督教性质的”文化的研究，而还要研究全世界各时期各种文化或文化形式与基督教的关系了。这当然是一个多姿多彩的、引人入胜的、万花筒似的研究领域。而且，它也必然需要多种多样的角度和多学科的方法。

在中国，远自唐初景教传入，便有了文辞古奥的“大秦景教流行中国碑颂并序”，以及值得研究的“敦煌景教文献”；元朝的“也里可温”问题，催生了民国初期陈垣等人的史学杰作；明末清初的耶稣会士与儒生的交往对话，带来了中西文化交流的丰硕成果；十九世纪初开始的新教传教和文化活动，更造成了中国社会、政治、文化、教育诸方面、全方位、至今不息的千古巨变……所有这些，为中国（和外国）学者进行上述意义的“基督教文化研究”提供了极其丰富、取之不竭的主题和材料。而这种研究，又必定会对中国在各方面的发展，提供重大的参考价值。

就中国大陆而言，这种研究自 1949 年基本中断，至 1980 年代开始复苏。也许因为积压愈久，爆发愈烈，封闭越久，兴致越高，所以到 1990 年代，以其学者在学术界所占比重之小，资源之匮乏、条件之艰难而言，这一研究的成长之快、成果之多、影响之大、领域之广，堪称奇迹。

然而，作为所谓条件艰难之一例，但却是关键的一例，即发表和出版不易的结果，大量的研究成果，经作者辛苦劳作完成之后，却被束之高阁，与读者不得相见。这是令作者抱恨终天、令读者扼腕叹息的事情，当然也是汉语学界以及中国和华语世界的巨大损失！再举一个意义不小的例子来说，由于出版限制而成果难见天日，一些博士研究生由于在答辩前无法满足学校要求出版的规定而毕业受阻，一些年轻教师由于同样原因而晋升无路，最后的结果是有关学术界因为这些新生力量的改行转业，后继乏人而蒙受损失！

因此，借着花木兰出版社甘为学术奉献的牺牲精神，我们现在推出这套采用多学科方法研究此一主题的“基督教文化研究丛书”，不但是要尽力把这个世界最大宗教对人类文化的巨大影响以及二者关联的方方面面呈现给读者，把中国学者在这些方面研究成果的参考价值贡献给读者，更是要尽力把世纪之交几十年中淹没无闻的学者著作，尤其是年轻世代的学者著作对汉语学术此一领域的贡献展现出来，让世人从这些被发掘出来的矿石之中，得以欣赏它们放射的多彩光辉！

2015 年 2 月 25 日

于香港道风山

序　言

中国历史上到底有多少所教会大学？教会大学在1950年代的全国高校院系调整中最终归向何处，现今的踪迹何在？要准确、全面回答上述两个问题绝非易事。针对第一个问题，学者们依然无法回答。这固然与教会大学的鉴定标准有关，也与资料的挖掘极其困难有关。针对第二个问题，目前学者们没有给予应有的关注，处于有所知、无所答的尴尬境地。本书试图尝试性地回答上述两个问题。

自1978年以降，中国内地学术界逐步对中国近现代教育史上的中国教会大学展开研究，掀起一场教会大学研究小热点，取得一定学术成果。四十多年的中国教会大学研究具有突出的两个特征。其一，学者们基本上从历史学、教育学角度研究教会大学的办学历史以及办学之背后的教育理念。也就是说，学者们多数从历史学与教育学角度研究教会大学本身天然具有的历史、教育属性。其二，民国八年（1919年），在上海举办的中国大学校长会议组建中国教会大学联合会，确定教会大学包括“在华十四所”（燕京大学、齐鲁大学、金陵女子大学、金陵大学、东吴大学、沪江大学、圣约翰大学、之江大学、福建协和大学、岭南大学、长沙雅礼大学、湖北文华书院、武昌博文书院、华西协和大学）以及“会外五所”（沈阳的文会书院、宁波的三一书院、太谷的铭贤学校、岳阳的湖滨大学、福州的华南女子文理学院）。学者们基本上以此范围为研究对象，尤其集中于“在华十四所”中的燕京大学、齐鲁大学、金陵女子大学、金陵大学、东吴大学、沪江大学、圣约翰大学、之江大学、福建协和大学、岭南大学、长沙雅礼大学、华西协和大学以及“会外五所”中的铭贤学校、华南女子文理学院。上述十九所中的其它教会大学至今研究尚属拓荒阶段。

上述中国教会大学研究的两个基本面，存在着显而易见的三个重大片面性或不足之处。其一，就研究对象而言，至今中国内地的教会大学研究大多集中于基督教中的新教教会大学，对基督教中的罗马天主教或公教在华高等教育机构与活动研究相对不足，目前已经出版有关天津的津沽大学以及澳门的圣保禄学院或天主圣母学院（1594-1762 年）研究著作。对新教教会大学研究也严重不足，诸多未列入上述十九所范围内的新教教会大学基本上未受到学术界的关注，至今学术成果乏善可陈。其二，就研究方法而言，大多数研究成果仅仅限于历史学与教育学，而忽略或一笔带过中国教会大学自身的宗教属性，对于创办教会大学的宗派之来龙去脉、宗教教育思想、宗教研究成果、教会大学与共产主义的关系等问题基本上不作为探究的对象，从而使内地学术界对于中国教会大学的研究缺乏对其宗教性的了解与把握。其三，就研究者的意识形态考量而言，四十多年的中国教会大学研究对港澳台地区教会大学关注相对不足。这种历史视野的缺失已经导致一系列问题，诸如中国第一所教会大学之争、中国大学校史之争，以及港澳台地区在中国近现代高等教育史上的地位等。另外，现有的中国教会大学研究，缺乏大历史观的现象特别体现在对清末民初中国教会大学遗存或中国教会大学在共和国建立后的踪迹完全忽略不计，从而导致今日学术界对于中国教会大学在当代中国高等教育中的踪迹，以及对于当代中国文物保护的意义视而不见。现今已经有一批教会大学，不论进入学术界视野与否，其旧址成为国宝级文物。这意味着教会大学已经成为中华文明中的一个有机组成部分。

鉴于上述问题，本书将研究对象确定为清末民初中国内地、港澳台基督教（主要包括罗马天主教与新教在华宗派）创办与治理的教会大学。而本书的研究重点完全不同于已有的研究成果，其突出特征包括如下三个方面。

第一，本书特别关注尚未进入学术研究领域的教会大学，并以之为主要研究对象。也就是说，在进一步梳理已经取得学术成果的教会大学之外，研究对象特别选择不被中国内地汉语学术界聚焦的教会大学。这里涉及到“教会大学”的界定问题。对此，本书采取最低标准，即凡提供大学课程，且由传教机构、传教士创办的学校，均列入教会大学范畴。根据这一标准，澳门的圣保禄学院成为第一所中国教会大学。中国教会大学研究时间上溯至 1594 年（明万历二十二年），并以此为中国教会大学的发端。中国教会大学的源起、发展与终结经过明末、清末与民初等三大时期。本书研究的时间下限是 2020 年。对此进一步追踪中国教会大学在 1949 年之后的撤并与遗存成为研究特色。就此而言，本书否定内地学术界普遍接受的中国教会大学起源“清末论”，主张“明末论”。本书在以后的续集中会推出圣保禄学院遗存考证文章。

第二，因罗马天主教与新教是基督教的两大分支，中国教会大学理所当然包括罗马天主教在中国澳门以及内地创办的数所教会大学。本书从宗教学角度研究中国教会大学涉及到在上述期间内（1594-1949 年）它们在变迁过程中的宗教性，以及中华人民共和国建立后它们的存留轨迹，即大多数中国教会大学的教研资源转入当代中国大学之中，大多数中国教会大学建筑遗存成为省、市或国家级文物和保护单位。对于这一部分，本书将会挖掘、整理，确定一份最全、最完整的中国教会大学目录以及空间变迁路线图。就教会大学的宗教性而言，它重点探讨创办教会大学的宗派背景，其中包括创办教会大学的宗派的来源与发展，主要代表人物及其在研究西方和中国宗教上所取得的成果，教会大学与近现代中国爱国反帝运动、共产主义运动之间的关系等。

第三，在动荡的清末民初，大多数中国教会大学不得不频繁地变更办学地点。为此本书特别围绕教会大学办学的生存空间，以之为叙事的主要线索，探究中国教会大学办学的空间变化轨迹。教会大学办学空间在近现代中国史上明显具有三次巨大的转折：“大革命”与“收回教育权运动”时期，不少教会大学停办或暂停办学；全面抗日战争时期，大多数教会大学处于大流放状态，在艰苦困顿的时局中反而进一步推动了中国高等教育的发展；1950 年代全国高校院系调整时期，所有的教会大学经过大规模的拆并，最终除了部分校园与建筑之外，作为实体的教会大学及其名称全部消失。

概言之，本书的用力点在于，从宗教学角度切入中国教会大学研究领域。基督教中的罗马天主教与新教自晚明经清末民初入华创建大学，不断完善现代意义上的高等教育制度。特别在清末民初第一轮对外开放语境下，中国高等教育制度开始逐步建立与发展，而教会大学是其中不可或缺、贡献卓著的力量与要素。中华人民共和国建立后，中国教会大学又经过撤并与校名恢复过程。在时代大变局中，教会大学的空间轨迹变迁史对于今日中国高等教育具有历史与现实意义。

致　谢

本书在写作过程中，在资料收集、图书购买、实地拍摄、图片制作上，得到海内外朋友的大力支持。在此对如下友人致以真挚的谢意：李军、李浩、黄欢、桃小芳、胡雅婷、吴魏巍、胡永胜、苗光明。在此，特别致谢那些默默无闻的温暖扶助，让笔者在疫情四起之际，可以顺利完成第二卷书稿。

目次

凡 例

一、有关历史人物的基本信息，特别说明如下：凡外国传教士的原名、生卒年以及华人的生卒年，本书若未标出，则需考证。

二、正文中标注*的建筑，表示该建筑已被拆除。

三、凡引文中标注[ ]的，均为本书作者所加。

四、就年代书写方式，全书根据叙事对象所在地的纪年书写具体年代，然后用括号附加相关纪年，例如，唐武德四年（621 年），1799 年（嘉庆四年），民国八年（1919 年）。本书主体部分一律采用中国王朝纪年、民国纪年和公元纪年。但是，日据时代的台湾纪年特别加上日本纪年，例如，宣统元年（明治四十二年，1909 年）。书中月、日凡使用阿拉伯数字的，均为公历纪年，例如光绪十一年（1885 年）5 月 17 日；凡使用中文小写数字的，均为中国农历纪年。

五、“和合本”，原有三种，即“深文理和合本”、“浅文理和合本”、“官话和合本”或“国语和合本”。本书所使用的“和合本”均指第三种，若使用另外两种，会特别说明。

六、本书参考书目，按照年代顺序排列，置于书末。

七、KJV，为 King James Version 的缩写，即英文版的英王钦定译本。

第一章　三一入榕：仓山、南台岛、中洲岛

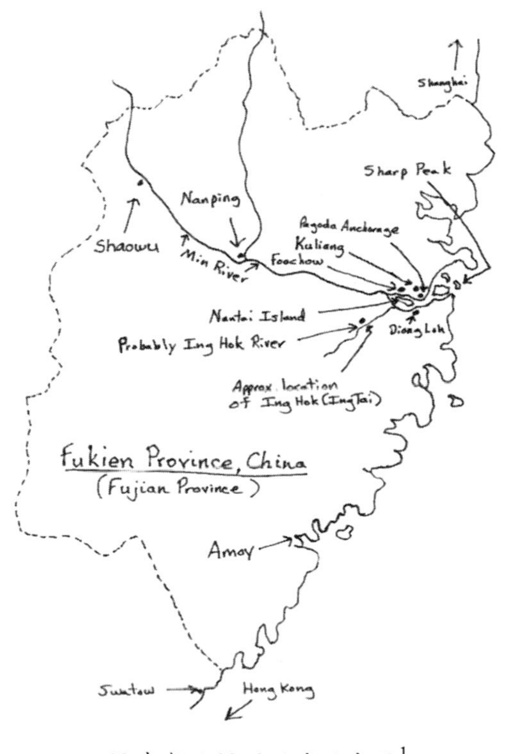

福建省及福州区域示意图[1]

1　《从世纪农场到福州：禅益知家族书信集》(From Century Farm to Foochow: The Beard Family Letters)，刊于“耶鲁大学神学院”官方网站：https://divinity-adhoc.library.yale.edu/BeardPapers/-Beard_Introduction.pdf，引用日期：2022 年 3 月 5 日，电子版文章无页码。

第一节　福州：三山、榕城

现今的福州（Foochow, Fuhchaw, Fuzhou, Happy Region），秦汉时期名为“冶”。西汉高帝五年（公元前 202 年）无诸（约公元前 225-前 175 年）被正式封为闽越国国王，在今福州冶山的冶城建都，又称东冶，为福州建城之始。[2]唐开元十三年（725 年），原闽州改名福州，升为都督府，府治设在州城内（今鼓屏路），福州之名始用至今。唐末，“开闽三王”之一的王审知（862-925 年）主闽，建闽国，在子城外筑罗城[3]和南北夹城，北面横跨越王山即屏山，并将南面的九仙山（又名“九日山”）即于山（Yüshan），以及西面的乌石山围入城中，开凿绕护罗城南、东、西三面的大壕沟，奠定“三山鼎峙，一水环流”的独特城市格局。福州自此而有“三山”别称。[4]宋治平二年（1065 年），张伯玉（1003-约 1068 年）知福州，编户植榕，绿荫满城，暑不张盖，故福州有“榕城”之名，简称“榕”。[5]

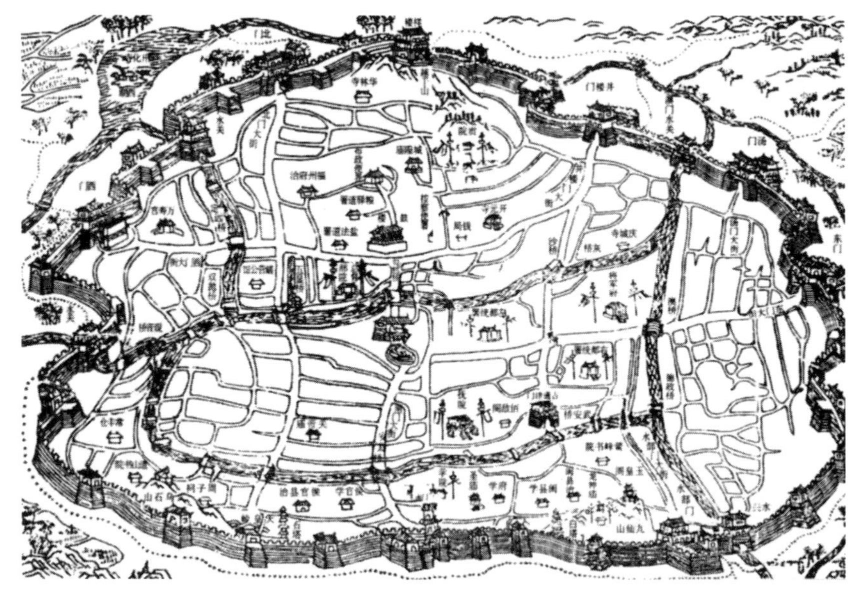

清代福州府城示意图：越王山、乌石山、九仙山、闽县治。[6]

2　复旦大学历史地理研究所《中国历史地名辞典》编委会编：《中国历史地名辞典》，南昌：江西教育出版社，1986 年 8 月第 1 版，第 175 页。

3　“罗城”的本义，即包罗、扩大的城池。

4　谢其铨主编：《于山志》，北京：大众文艺出版社，2009 年 5 月第 1 版，第 1 页。

5　《福建风物志》编写组：《福建风物志》，福州：福建人民出版社，1985 年 10 月第 1 版，第 189 页。

6　谢其铨主编：《于山志》，同上，第 11 页。

第二节　仓前山：一山多名

福建协和神学院（Fukien Union Theological College）位于榕城现今的仓山区。苍山区因境内的主体区域南台岛（Naitai Island）上有一座仓前山（简称“仓山”），故而得名。仓前山又因古时在山北建有盐仓而得名。[7]仓前山，又名藤山，在历史上多次更名，先后有宋代的天宁山、天禅山，明朝的盐仓山、挂榜山，元代的烟台山（与山东烟台的烟台山同名），大清国的天安山等名称[8]。仓山区有“福州鼓浪屿”之称，地处福州城区的南部，隋为闽县地，唐为侯官县地，明、清为闽县、侯官县地，民国二年（1913 年）为闽侯县地。民国三十五年（1946 年），设福州仓山区、水上区。1956 年，水上区并入仓山区。1968 年，仓山区改为朝阳区；1978 年，朝阳区又改回为仓山区，沿用至今。[9]

第三节　南台岛与闽江

位于仓前山的福建协和神学院又为闽江（Min River）所环绕。闽江是福建省最大独流入海河流，发源于福建、江西交界的建宁县均口镇。建溪、富屯溪、沙溪三大主要支流在南平延平区附近汇合之后称闽江。闽江穿过沿海山脉至福州市南台岛分南北两支，至罗星塔复合为一，折向东北流出琅岐岛注入东海。[10]北分支即闽江北港，又称白龙江；南分支即闽江南港，又名乌龙江。江心岛“南台岛”构成福州市仓山区的主体，为闽江中的第一大岛屿，位于闽江福州段南北两港之间，西北起淮安，东南至峡北，从淮安至下洋的东西部分较长，从螺洲至烟台山的南北部分相对较窄，总面积 112.5 平方千米，现属福州市仓山区辖区。岛内以高盖山为最高。岛北一段水域称“南台江”，简称“台江”，南台岛因此得名。[11]福建协和神学院位于今仓山区南台岛烟台山即仓前山的麦园路 52 号。

7　仓山区地方志编纂委员会编：《仓山区志》，福州：福建教育出版社，1994 年 11 月第 1 版；牛汝辰编：《中国地名掌故词典》，北京：中国社会出版社，2016 年 2 月第 1 版，第 169 页。

8　郑淑榕：《李纲与福州天宁寺之考论》，收录于赵麟斌主编：《闽文化的精神解构》，上海：上海交通大学出版社，2015 年 8 月，第 94-100 页，特别参见第 96-97 页。

9　福建省民政厅编：《福建省政区手册 2007》，福州：福建省地图出版社，2008 年 1 月第 1 版，第 9-10 页。

10　参见牛汝辰编：《中国地名掌故词典》，同上，第 481 页。

11　福州市地名办公室编印：《福州市地名录》，内部资料，1983 年 3 月，第 257 页。

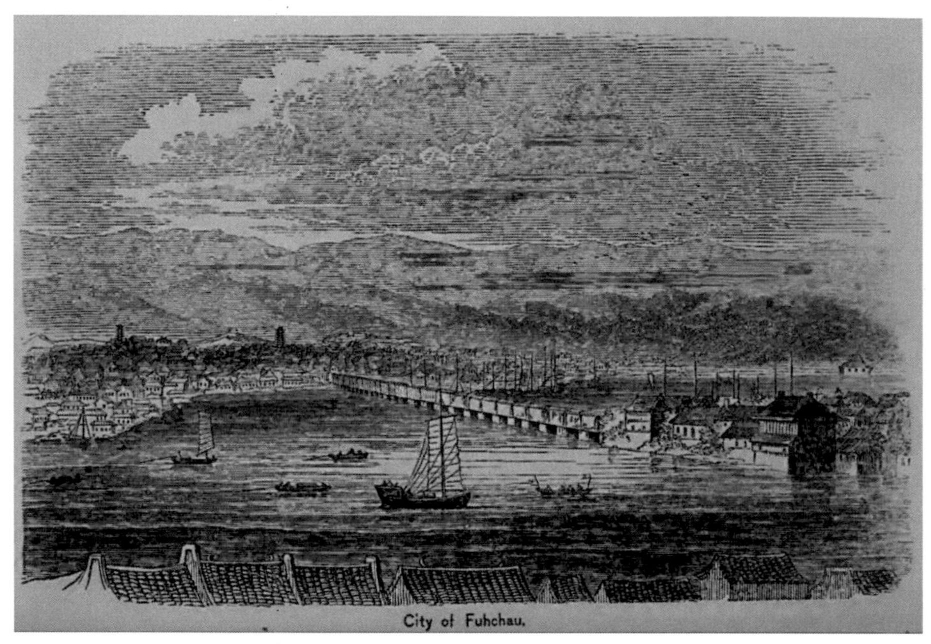

1860年代福州万寿桥即大桥，连接中洲岛与闽江北岸。[12]

第四节　一岛连二桥：中洲岛及万寿桥、江南桥

在南台岛与闽江北岸之间有一座面积较小的江心岛，名为“中洲岛”（Middile Island）。万寿桥（Brideg of Ten Thousand Ages）俗称“大桥”（The Big Bridge），位于台江区中亭街（楞严洲）至中洲岛。另外，江南桥，又称“仓前桥”、“中洲桥”，位于仓山区中洲岛至南台岛仓前路即仓前山或烟台山所在位置。[13]“大桥”即万寿桥以及“江南桥”将闽江北岸与南台岛连接。中洲岛又是联结万寿桥及江南桥的自然纽带。万寿桥、江南桥是传教士进入中洲岛、南台岛的必经之路。万寿桥、中洲岛和江南桥三部分现今改建为现代化的解放大桥，于1996年建成。民国三十七年（1948年），中国本色教会聚会处

12 [美]麦利和（Robert Samuel Maclay）：《生活在中国人之中：附传教士工作特征概略、事件及在华前景》（*Life among the Chinese, with Characteristic Sketches and Incidents of Missionary Operations and Prospects in China*），New York: Carlton & Porter，1861年，第141页。

13 福州市地方志编纂委员会整理：《闽县乡土志　侯官县乡土志》，[清]朱景星修，郑祖庚纂，福州：海风出版社，2001年7月第1版，第173页。另外参见上海辞书出版社编辑：《辞海：地理分册：中国地理》，上海：上海辞书出版社，1981年11月第1版，第407页。

创建人之一倪柝声（Watchman Nee，1903-1972 年）将他位于中洲岛中东巷 24 号的祖宅捐出，供基督徒聚会使用。[14]

第五节　南台保福山

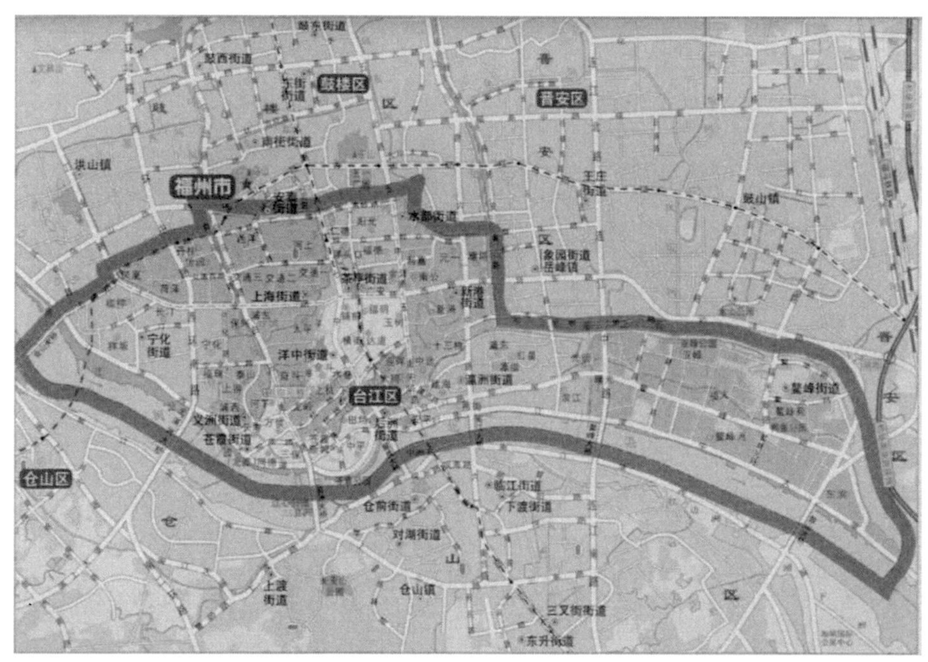

台江区、仓山区地图。台江区有“茶亭”、“铺前”等旧地名。[15]

与福州协和神学院创办历史密切相关的另外一座山是保福山（Punasang）。保福山，即“婆奶山”，今吉祥山，位于福州市台江区。台江区位于今福州中心城区中部、闽江下游北岸，东以光明港、晋安河与晋安区为界，西、南以闽江与仓山区为界，北以琼河、东西河、斗池路、上浦路与鼓楼区为界。唐王审知在福州筑夹城，有台临江，“南台”（Nantai）、“南台江”或“台江”由此得名，其时分属闽县、侯官县治，民国二年（1913 年）属闽侯县管辖；民国三十四年（1945 年）成立台江、小桥区公所，归属福州市；1956 年 4 月台江区、小桥区合并为台江区。[16]福州城与闽江北岸之间只有 2 英里之距。晚清驻

14 孟丰敏：《流翠烟台山》，福州：海峡书局，2016 年 8 月第 1 版，第 65 页。
15 福建省地图出版社编著：《福州市地图册》，福州：福建省地图出版社，2012 年 1 月第 1 版，第 37 页。
16 福建省地图出版社编著：《福州市地图册》，同上，第 38 页。

南台岛的传教士经过江南桥、中洲岛、万寿桥入南台，再直线北上即到达保福山。保福山成为福州城与中洲岛、南台岛之间的折中地段。对于无法在省城取得立足之地的传教士而言，此处是一块可进可退之地：进，可入城；退，可返岛。

第二章　福音号响：福州三公会齐聚仓前山

福建协和神学院，顾名思义，是一所由若干家来华差会协力合作创办的高等神学教育机构，也是福建地区培养新教布道人才的最高神学学府。新教传入闽北地区共同参与在仓前山创办福建协和神学院的是“福州三公会”。此处略述其史。

第一次鸦片战争之后，根据中英《南京条约》（Treaty of Nanking，又称“万年和约”、“白门条约”、“江宁条约”），福州成为近代中国最早对外开埠通商的五个口岸之一。基督教随之传入。最先传入福州并在闽北地区具有广泛影响的主要是三个新教宗派差会：美国公理会（The American Board of Commissioners for Foreign Mission, ABCFM）、美以美会（American Methodist Episcopal Mission, AMEM）、大英教会（Church Missionary Society, C. M .S.）。这三家新教传教机构分别隶属于美国的公理会、循道会和英国的圣公会，在福州被俗称为“福州三公会”，也被称为“闽北三公会”。[1]福州三公会一直重视开办神学教育机构，培养本地神职人员。为此各自先创设相当于小学性质的义塾，继而在此基础之上各自发展出具有中等教育水平的专门神学教育机构，直至民国纪元之始，此两国三家传教机构联合创办“福建协和道学院”（Foochow Union Theological Seminary, Foochow Union Theological School，也

1　郑玉桂：《福建协和神学院近况简报》，刊于《中华基督教会全国总会公报》，第 21 卷第 10 期，1949 年 12 月，第 12-13 页，特别参见第 12 页。

称“福建协和神学校”、“福州协和道学校”）。抗日战争胜利后，该院进一步发展成为具有高等教育水平的福建协和神学院。福建协和神学院校史较为特殊的一点是，办学过程可明显分为两个阶段。以全面抗战为分水岭，校史分为全面抗战前的福建协和道学院与全面抗战后的福建协和神学院。后者在办学水平上达到现代意义上的大学层次。

第一节　福州三公会之一：美国公理会

美国公理会，通常也称为“美部会”、“美国公理会差会”，全名是“美国海外差会委员会”，又译“美部传道公会”、“美国海外布道部”、“纲纪慎会”、“美国教会公理会海外布道会”等。美国公理会于1810年（嘉庆十五年）成立于麻萨诸塞州的布拉福德（Bradford）郡，两年后始向印度派出第一批传教士；1829年（道光九年）10月派出首批传教士裨治文（Elijah Coleman Bridgman，1801-1861年）、雅裨理（David Abeel，1805-1846年）入华。他们乘坐“罗马号”起程，于次年2月25日抵达珠江口，为美国公理会在华传教以及美国新教传教士在华活动的开端。[2]民国十六年（1927年）美国公理会与中华基督教长老会合并，始称“中华基督教会”，采用四级制度，设立堂会（local church）、区会（district association）、大会（synod）、总会（general assembly），将福建境内的传教区域划分为三：负责闽南地区的“中华基督教会闽南大会”，负责闽北邵武地区的“中华基督教会闽北大会”，负责福州地区原美国公理会的“中华基督教会闽中协会”（Mid-Fuchien Synod）。其中的闽中协会下设3个区会：福州、长乐、永泰。区会每年开会两次。福州区会由闽中协会兼理。[3]1956年12月，中华基督教会闽南大会、闽中协会、闽北大会在福州举行会议，宣布撤销上述机构，成立“中华基督教会福建大会”。[4]福建协和神学院由闽中协会直接创办并管理，与协和农职学校、协和幼稚师范学

2　林金水等著：《福建与中西文化交流史论》，北京：海洋出版社，2015年4月第1版，第54页。

3　邹天欢、严子祺、陈振华、林伯和、叶亚娜、唐一帆、陈怀桢：《志福州基督教教会建况》，收录于《福州基督教文史资料选辑》，第三辑，内部资料，1989年4月，第1-39页，特别参见第2页。

4　林金水等著：《福建与中西文化交流史论》，同上，第79页；詹石窗、林安梧主编：《闽南宗教》，福州：福建人民出版社，2007年10月第1版，第202页。

校，同属于中华基督教会教育事业中的职业教育部分。[5]

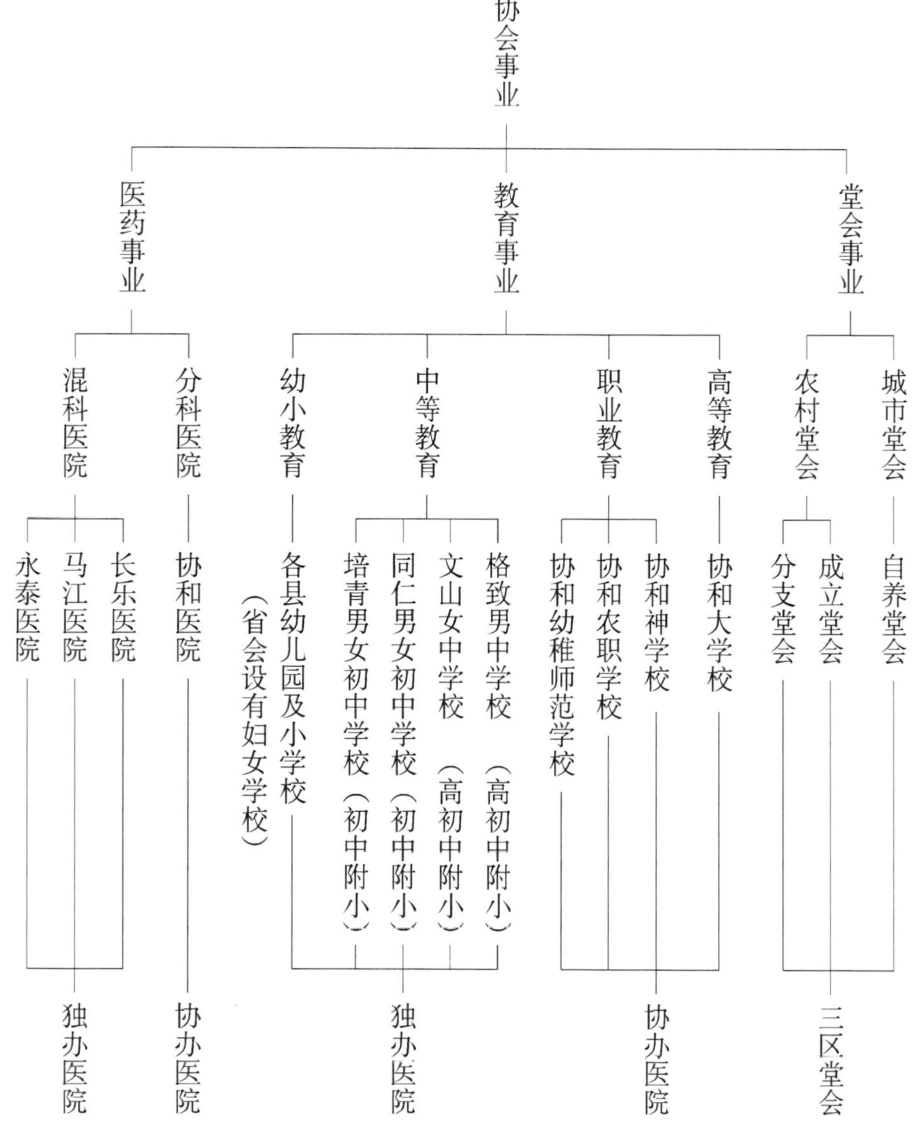

民国二十六年（1937年）中华基督教会闽中协会各项事业示意图[6]

5　中华基督教会全国总会编：《中华基督教会全国总会第四届总议会议录》，中华基督教会全国总会，青岛，1937年7月，第71页。

6　中华基督教会全国总会编：《中华基督教会全国总会第四届总议会议录》，同上，第71页。

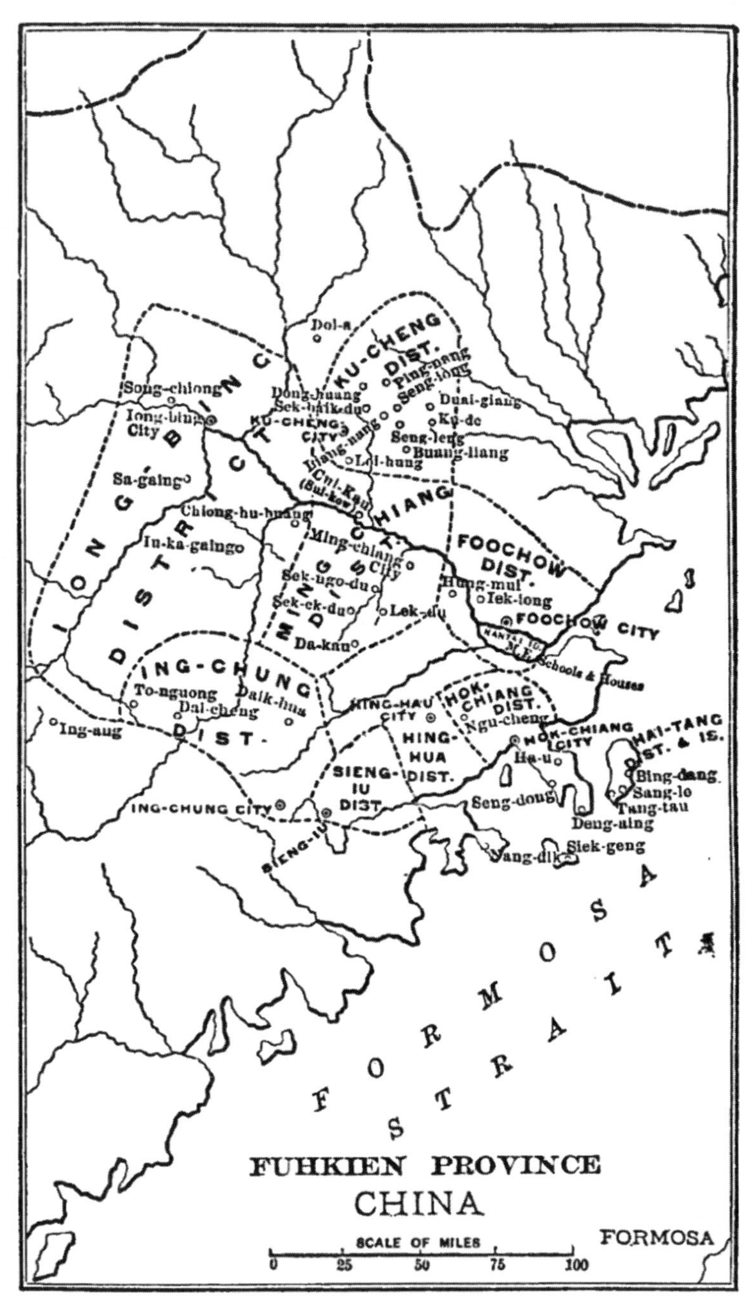

光绪二十一年（1895 年）美以美会福建教区分布图[7]

7 《美以美会福州女年会第二十九次年记（1913 年 10 月 8-11 日，福州）》（*Reportof the Twenty-ninth Annual Session of the Foochow Woman's Conference of the Methodist Episcopal Church Hold at Foochow October 8-11, 1913*），Foochow: the Methodist Publishing House，1913 年，正文前插图。

第二节　福州三公会之二：美北美以美会

美以美会，属于美国北方循道会建立的差会，故也称“美北美以美会”。美国独立建国后，美国循道会首先脱离英国圣公会，自立门户，英文名为“The Methodist Episcopal Church”。1844 年（道光二十四年），该会南北分裂后，北方沿用原名，南方称“The Methodist Episcopal Church, South”，在华传教机构被译为“美南监理会”。1847 年（道光二十七年），美以美会派遣传教士来华。该会英文名称 Methodist Episcopal Mission 的缩写为 MEM，以福州话拼音译为“美以美会”（Mee Ee Mee），不仅取其谐音“美以美”，也取其意：美以美（Good, yet good），“yet”有“但、依然”之意，可理解为“好了还要再好”。[8]美以美会在华设立 10 个年议会（Annual Conference，也简称为“年会”），其中福建有三：福州年议会（Foochow Annual Conference），兴化（Hing-hua）年议会，延平（Yen-p'ing，今南平）年议会。[9]年议会下设连环（district），即教区或传教站（station），连环下设循环（circuit），即牧区或布道所。[10]美国循道会采用主教制，但是“主教”（bishop）之称被译为“会督”。因此，美国循道会的主教制即会督制。1939 年（民国二十八年）5 月 10 日，美国循道会的三大主流即美以美会、美南监理会和美普会（The Methodist Protestant Church）的母会联合为“卫理公会”（The Methodist Church）。1941 年（民国三十年）3 月，在华各循道会差会合并，成立“中华基督教卫理公会”。在华“美以美会”之名使用 94 年，至此结束。中华人民共和国成立后，该会割断与原海外差会关系，参加“三自”爱国运动。[11]负责参与联合创办神学院的是福州年议会，之后兴化年议会、延平年议会加盟。

第三节　福州三公会之三：大英教会

大英教会，也称“英行教会”、“英国圣公会差会”、“大英圣公会差

8　黄孟礼：《布道 10 年中国美以美会成立》，美以美的故事（33），刊于“大马卫理公会砂华人年议会文字事业部”网站：http://scaccmm.sarawakmethodist.org/new/?p=45146，引用日期：2022 年 7 月 31 日。

9　邹天欢、严子祺、陈振华等：《志福州基督教教会建况》，同上，第 7 页。

10　林金水等著：《福建与中西文化交流史论》，同上，第 55 页。

11　石源华主编：《中华民国外交史辞典》，上海：上海古籍出版社，1996 年 6 月第 1 版，第 482 页。

会”，又译“英国布道会”、“大英布道会”，属于英国国教会圣公会。圣公会（Anglican）在福州方言中又译称“安日间会”、“安立甘会”，即英文名音译。[12]英国圣公会采取主教制，圣品分为主教（bishop）及副主教、会长（priest）即牧师、会吏（deacon）及会吏总（archdeacon）即执事长三级。值得注意的是，圣公会的“主教”也被译为“会督”。本书对此采用区别对待法：bishop，在圣公会语境中译为“主教”，在循道会建制中译为“会督”。圣公会的最高权力机构是教区议会，主教是当然的议长，下设布道、教育、医务、慈善、西职员等部门。民国元年（1912 年）驻华南的英国圣公会福音派（即低教会派）差会“大英教会”，与驻华北的英国圣公会高教会派差会“海外福音推广会”（The Society for the Propagation of the Gospel in Foreign Parts）、驻华长江流域的“美国圣公会差会”（American Church Mission）、驻华河南教区的“加拿大圣公会差会”（Canadian Church Mission, Diocese of Honan），联合成立“中华圣公会”（Chinese Brand of the Anglican Communion, 1912-1958 年）。是年 4 月 26 日，英、美、加差会在华 11 个教区的主教和圣品人员及平信徒代表在上海成立中华圣公会总议会。[13]英国圣公会在福建教区设有 3 个传教机构：大英教会，也称“大差会”；英国圣公会差会女部（Church of England Zenana Mission Society, CEZMS），也称“妇差会”；爱尔兰都柏林大学（又译“都比林大学”）福建差会（The Dublin University Fukien Mission），也称“都柏林差会”（又译“都比林差会”）。后两者事实上是前者的附属机构。英国圣公会在华设立 5 个教区：福建教区、浙江教区、湘赣教区、四川教区、港粤教区。[14]负责参与联合培养福建本地传道人的是福建教区。

12 光绪二十三年（1897 年），在上海召开的第一次中日主教会议上，传教士建议把中国安立甘教会命名为“崇古教会”。此建议未获得所有教区通过。因此，光绪二十五年（1899 年）主教会议保留“安立间”与“安立甘”两个词作为“Anglican”的中译。宣统元年（1909 年）3 月 27 日至 4 月 6 日，英国圣公会在华全国主教与圣品人员、平信徒在上海召开会议，草拟联合教会的宪纲与规例，通过采纳“中华圣公会”为联合组织之名称。至此，“圣公会”正式成为安立甘教会的中文名称。本书在此特别说明，为了阅读之便，本书仅使用“圣公会”之名，对不同历史时期使用的不同译名不作区分。

13 G. F. S. Cray：《中华圣公会的历史》，王薇佳译，收录于《基督教与中国文化丛刊》，第六辑，武汉：湖北教育出版社，2004 年 2 月第 1 版，第 459 页。

14 张光旭：《英国差会对中华圣公会福建教区的控制》，收录于福建省政协文史资料委员会编：《基督教天主教编》，“文史资料选编”第 5 卷，福州：福建人民出版社，2003 年 1 月第 1 版，第 59-65 页，特别参见第 59、63 页。

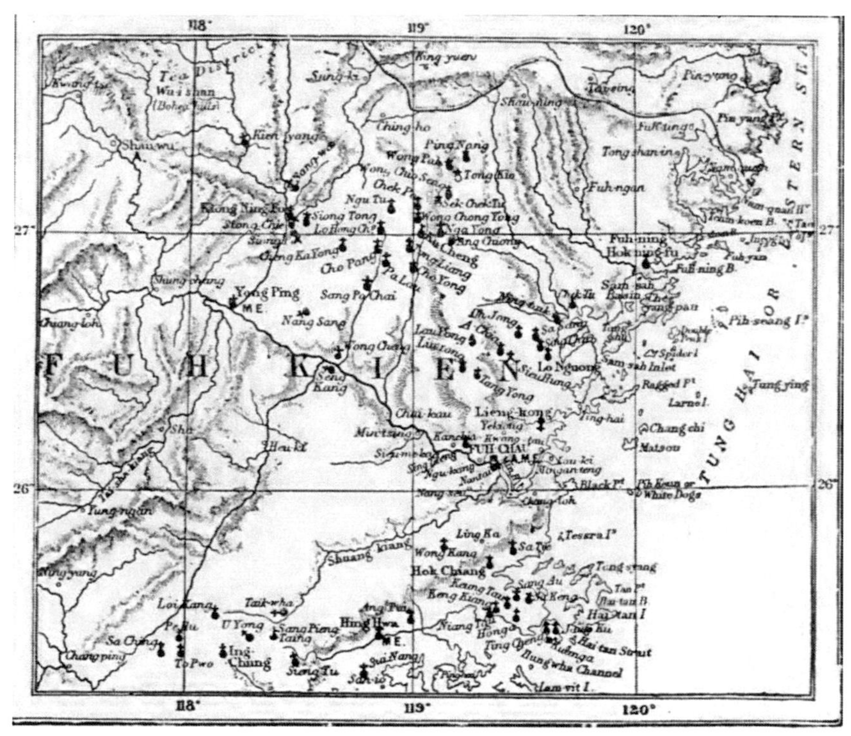

1890 年代大英教会福建传教区域图[15]

从上述简要概述来看，自民国元年（1912 年），驻华南的英国圣公会福音派（即低教会派）差会“大英教会”经过联合之后成为“中华圣公会”（1912-1958 年）中的一部分，在福州三公会中最早实现中国化。其次，民国十六年（1927 年）美国公理会始称“中华基督教会”。最后，1941 年（民国三十年），随着美国循道会的三大主流母会即美以美会、美南监理会和美普会联合为“卫理公会”，在华差会相对应地联合成立“中华基督教卫理公会”。因此本书在叙述福州三公会名称时会根据历史变迁而变更。

15 [英]华玛丽（Mary E. Watson）：《史荦伯夫妇的生与死》（*Robert and Louisa Stewart: in Life and in Death*），London: Marshall Brother，1895 年，正文前插图。

第三章　办学基础 1.0 版：美国公理会神学校

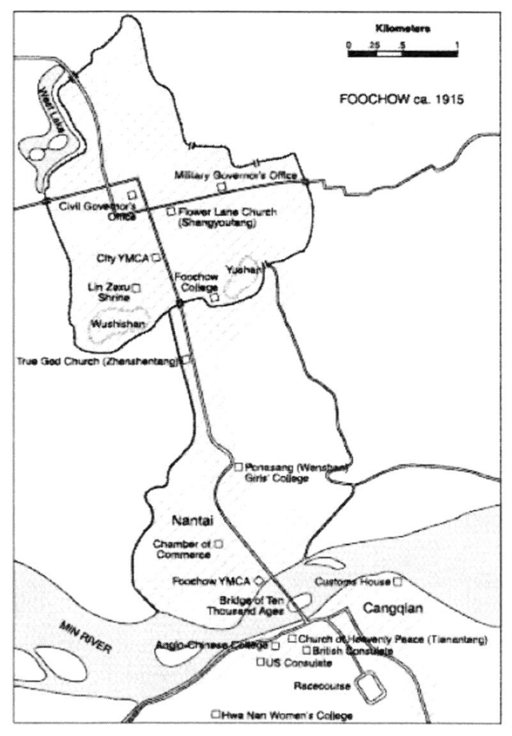

约民国四年（1915 年）福州三公会的主要文教事业分布示意图：其中重要的办学地点包括：仓前（Cangqian），保福山（Panasang），于山（Yüshan），乌石山（Wushishan）。[1]

1　[澳大利亚]魏依兰（Ian Welch）编辑：《新南威尔士大英教会澳大利亚籍传教护士岳爱美榕城书简（1895-约 1920 年）》（*Amy Oxley: Letters from China: an Australian*

第一节　保福山学堂

保福山学堂（1848-1858 年）

杨顺：1848-1853 年

卢公明：1853-1858 年

道光二十七年（1847 年）1 月 2 日，美国公理会第一位入闽传教士杨顺（又译“张生”、“詹思文”、“斯蒂芬·约翰逊”，Stephen Johnson，1803-1886 年，1847-1853 年在华）抵达中洲岛，在福州三公会中最早进入榕城，成为福州公理会的发端，拉开近代新教在榕传播的帷幕，并不断推动福州社会事业逐渐迈向近代化轨道。但是，杨顺在榕城开教并不顺利，尽管获得英国领事若逊（R. B. Jackson）的帮助，努力在城内租房安身，但遭地方官员限制，最终无法在城内租赁房屋开展布道、办学工作，2 月 13 日不得不在中洲岛的江南桥畔单独赁屋，兴建 1 座 2 层楼的洋房，用作寓所，兼用礼拜堂；7 月在此招生，约有学生 14 人，成为美国公理会在榕创办的第一所学校，也是其后著名的榕城格致书院的雏形。[2]同年 9 月 6 日，随后抵达福州的同会牧师弼履仁（又译“皮提”、“弼莱门”、“弼利民”、“弼来满”，Lyman Burt Peet，1809-1878 年，1847-1871 年在华）夫妇加盟杨顺[3]，形成美国公理会最初的传教三人团。杨顺与弼履仁夫妇成为美国公理会先驱教育传教士。

杨顺出生于康涅狄格州的格里斯沃尔德（Griswold, Connecticut），1827 年（道光七年），毕业于阿默斯特学院（Amherst College），后就读于奥本神学院（Auburn Theological Seminary）并毕业（1829-1832 年）。1833 年（道光十三年），杨顺受美国公理会派遣前往暹罗（Siam，今泰国）的曼谷，向当地来自福建的华人移民传教，学会福建方言。1846 年（道光二十六），他前往福州传

Missionary Nurse of the Church Missionary Association of New South Wales, Fujian Province, China 1895-c1920），Canberra, Australia: Australian National University，2004 年。电子版，无页码。

2 《格物致知　真学源流》编委会编：《格物致知　真学源流：福州格致中学校史简编》，福州：海峡出版社，2017 年 10 月第 1 版，第 4 页。

3 汤清：《中国基督教百年史》，香港：道声出版社，1987 年 10 月，第 187 页；另外参见郑瑞荣：《榕城格致书院——福州私立格致中学简史（1848-1952 年）》，内部资料，1995 年 10 月第 1 版，第 2 页，认为“9 月 7 日”抵达福州；另外参见[美]巴查理（Richard Terrill Baker，1913-1981 年）：《卫理公会在中国》（*Methodism in China*），New York, N.Y.: Editorial Department, Joint Division of Education and Cultivation, Board of Missions and Church Extension, General Section, the Methodist Church，1946 年，第 11 页，认为在“9 月 4 日”到达福州。

教，为抵达福州的第一位新教传教士。但他发现福州方言与他在曼谷学到的方言大为不同。他先在中洲岛租屋居住，认为这是一个具有潜力的传教中心，建议美国公理会迅速增援力量。几个月后曾在暹罗与他共同传教的弼履仁夫妇至福州与他会合。杨顺在福州传教近六年后，由于健康原因被迫于咸丰三年（1853 年）返美。[4]

与杨顺同事的弼履仁出生于佛蒙特州的康沃尔（Cornwall, Vermont），1834 年（道光十四年）毕业于米德伯里学院（Middlebury College）；1837 年（道光十七年）毕业于安多福神学院（Andover Theological Seminary），同年 12 月 13 日，在麻萨诸塞州的南丹尼斯（South Dennis, Massachusetts）接受按立；1839 年（道光十九年）7 月 6 日，以美国公理会传教士身份携妻前往暹罗。在杨顺的要求下，1846 年（道光二十六年）8 月，弼履仁夫妇改赴福州，1847 年（道光二十七年）9 月乘坐“快速帆船”（The Clipper Ships）抵达榕城[5]。弼履仁在华传教近四分之一世纪，同治十年（1871 年）退休回美，移居康涅狄格州的西黑文（West Haven, Connecticut），1878 年（光绪四年）1 月 11 日因病去世。1839 年（道光十九年）4 月 14 日，在佛蒙特州安迪逊郡米德伯里（Middlebury, Addison Co., Vermont），弼履仁与谢睿迩（Rebecca Clemence Sherrill，1810-1856 年）[6]结婚。出生于米德伯里的发妻于咸丰六年（1856 年）在福州去世，留下年幼的三个子女，被安葬在福州洋墓亭（Foo-Chow Mission Cemetery）。1858 年（咸丰八年）6 月 6 日，他与毕哈拿（Hannah Louisa Plimpton, 1823-1908 年）在麻萨诸塞州的南桥（Southbridge）结婚。弼履仁去世后，继室于 1885 年（光绪十一年）在福州改嫁美国公理会传教士夏察理（Charles Hartwell，1825-1905 年）。在福州期间，弼履仁将《诗篇》、《箴言》和《约伯记》译成口语福州话。[7]

4 参见《杨顺（传教士）》，刊于“维基百科”网站：https://zh.wikipedia.org/wiki/%E6%9D%A8%E9%A1%BA_（%E4%BC%A0%E6%95%99%E5%A3%AB），修订于 2020 年 4 月 17 日（星期五）01：23，引用日期：2022 年 3 月 12 日。

5 [美]巴查理（Richard Terrill Baker，1913-1981 年）：《卫理公会在中国》（*Methodism in China*），同上，第 11 页。

6 关于谢睿迩的生卒年，参见“根网”（Rootsweb）网站：https://wc.rootsweb.com/trees/150855/I1/-/index?letter=S&pageindex=124，引用日期：2022 年 3 月 3 日。

7 参见《弼利民》，刊于“维基百科”网站：https://zh.wikipedia.org/wiki/%E5%BC%BC%E5%88%A9%E6%B0%91，后修订于 2021 年 5 月 4 日（星期二）01：28，引用日期：2022 年 3 月 12 日。

毕哈拿墓碑与夏察理墓碑（位于毕哈拿墓碑之左），位于福州传教士墓园即洋墓亭，现已不复存在。[8]

毕哈拿出生于麻萨诸塞州伍塞斯特的斯特布里奇（Sturbridge, Worcester），1827 年（道光七年）9 月 12 日在斯特布里奇受洗，入读霍利约克山女子神学院（Mount Holyoke Female Seminary），1848 年（道光二十八年）毕业后担任康涅狄格州西黑文女子神学院（West Haven Ladies Seminary）副院长。在她治理之下，学校发展成为橡树山神学院（Oak Hill Seminary）。1857 年（咸丰七年），毕哈拿在美东旅行筹款办学期间结识弼履仁，与之成婚后，1858 年（咸丰八年）10 月 5 日夫妇乘坐“皇后”（*Empress*）号前往中国，1859 年（咸丰九年）3 月 1 日抵达上海，转驻福州。她与弼履仁生育四个子女。1871 年（同治十年），弼履仁因病携全家回美。弼履仁去世后，1884 年（光绪十年）毕哈拿返回福州，次年与 1853 年（咸丰三年）入华传教的夏察理结婚。1885 年（光绪十一年），毕哈拿在保福山开办女校，在格致书院（Foochow College，1848 年创建，今福州第五中学的前身）教授英文课程。1908 年（光绪三十四年）11

8 照片取自《夏毕哈拿墓地》（Grave of Hannah Louise Hartman），刊于“维基家谱”（Wikitree）网站：https://www.wikitree.com/photo/jpg/Plimpton-102，引用日期：2022 年 3 月 3 日。

月 7 日，毕哈拿在福州去世，被安葬在夏察理墓地边。她的档案材料收藏在位于麻萨诸塞州南哈德勒的母校霍利约克山女子神学院档案馆暨特藏馆（the Mount Holyoke College Archives and Special Collections, South Hadley, Massachusetts）。[9]

开办学校一直是传教士开展传道工作的重要途径。来华传教士最初开办的学校分为两种：外学或外塾；内学或内塾。前者招生对象不限，通常属于日校，学生走读；后者只限于招收基督徒子弟，通常属于寄宿学校。两者都属于义塾，即免费读书。为了招揽学生，传教士有时会向学生提供课本、衣服及津贴。道光二十八年（1848 年），杨顺与弼履仁将传教中心北移出中洲岛，在南台铺前顶保福山设传教所，附设"保福山学堂"（Ponasang Boading School），即保福山寄宿义塾，相当于小学，招收贫困子弟读书，最初入读的有 8 位，学费全免。2 月 2 日开学，杨顺担任主理即校长。保福山学堂是美国公理会在榕创办的第一所正规学校，也是中国内地最早的现代学校。[10]保福山学堂所开设的课程以《圣经》为主课，兼修文化课，包括"初级英文课本"、"英文拼音"、"汉语"、"算术"、"自然常识"和"劳作"等科。其中的英文类课程被列为最主要的科目。因此，保福山学堂是近代中国内地最早开设英文课程的教会学校。[11]入校学生接受基督教教育，背诵《圣经》篇章，参加各种宗教活动，其中包括祈祷（早、午、晚三餐默念祷文）、唱赞美诗、主日即星期日集会（俗称"做礼拜"）和基督教节日活动。所有学生受洗。假日、节日学生随教牧人员上街布道传教。汉语课程由塾师讲授，以启蒙读物《三字经》、《千字文》等为教本，用福州话讲解。保福山学堂同时也是美国公理会语言培训学校。美国公理会派遣来榕的传教士在此用罗马字拼音学榕腔福州方言，学成后至福州话方言区布道。[12]

9　参见《夏毕哈拿》（Hannah Louisa [Plimpton] Hartwell [1823-1908]），刊于"维基家谱"（Wikitree）网站：https://www.wikitree.com/wiki/Plimpton-102，引用日期：2022 年 3 月 3 日。

10　郑瑞荣：《榕城格致书院——福州私立格致中学简史（1848-1952 年）》，同上，第 2 页。另外参见《格物致知　真学源流》编委会编：《格物致知　真学源流：福州格致中学校史简编》，同上，第 4 页，认为，开学日期为"2 月 8 日"。

11　雷阿勇：《西学东渐与晚清福建教会外文教育研究——以福州地区为中心》，收录于陈永正主编：《多学科视野中的闽都文化》，福州：福建人民出版社，2009 年 8 月第 1 版，第 63 页。

12　郑瑞荣：《榕城格致书院——福州私立格致中学简史（1848-1952 年）》，同上，第

第二节　保福山福音精舍

保福山福音精舍（1854-1896？年）

卢公明：1854-1864 年

夏察理：1864-1896 年

美国公理会神学教育创始人非教育传教士、汉学家卢公明（又译“杜立德”、“卢力”，Justus Doolittle, 1824-1880 年）牧师莫属。道光三十年（1850 年）5 月 31 日，卢公明夫妇受美国公理会派遣抵达福州，旋购得南台保福山铺前顶私人墓地，兴建 2 座 2 层楼房，用作卢公明夫妇以及杨顺的寓所。卢公明出生于美国纽约州的拉特兰（Rutland, New York），1846 年（道光二十六年）毕业于汉密尔顿学院（Hamilton College）；1849 年（道光二十九年）6 月毕业于奥本神学院，同年 11 月 26 日，携妻由波士顿港口出发，历时 186 天，于次年 5 月 31 日抵达福州，开始在华廿余年的传教生涯。在福州，卢公明先后创办格致书院，及文山女校（Wenshan Girls' College，今福州第八中学的前身）。同治三年（1864 年），卢公明返美养病。同治七年（1868 年），卢公明辞职并退出美国公理会，在福州从商，参与编辑《教务杂志》（*The Chinese Recorder*）。同治十一年（1872 年），他至上海，转入美北长老会差会工作，因健康不佳不久回美。卢公明著述颇丰，1865 年（同治四年）在美养病期间，卢公明根据在榕十余年见闻，整理出版著名的《中国人的社会生活》（*Social Life of the Chinese*）[13]一书，分上、下卷，从政治、经济、民间信仰、习俗、宗教、教育等多个视角对清末福州社会进行翔实的观察与描述。[14]

咸丰三年（1853 年），杨顺返美后，卢公明担任保福山学堂主理。次年，在已有的办学基础之上，卢公明在南台保福山寓所内创办一所圣经斋，称“福音精舍”。[15]此为福建协和神学院三大源头之一圣学书院（Foochow Theological

2-3 页。另外参见《格物致知　真学源流》编委会编：《格物致知　真学源流：福州格致中学校史简编》，同上，第 4-5 页。

13 陈泽平译，福州：福建人民出版社，2009 年 1 月第 1 版。

14 参见林立强：《美国传教士卢公明与晚清福州社会》（*American Missionary Justus Doolittle and the Society in Fuzhou in the Late Qing Dynasty*），福州：福建教育出版社，2005 年 12 月第 1 版，第 12-35 页。

15 福建省地方志编纂委员会编：《福建省志：教育志》，北京：方志出版社，1998 年 4 月第 1 版，第 758 页。此处记述，学堂附属于精舍：“清咸丰三年（1853 年），美国公理会卢公明在福州福音精舍附设男子寄宿学校”。

Seminary）之肇基。[16]学制 3 年，相当于初中。[17]楼上为卢公明住所，楼下为两间校舍。一间大约有 30 名男生，另一间有不足 10 名女生。学生的伙食、服装和教育费用全免，由差会承担。福音精舍开设的课程以《圣经》为必修课。由美国传教士讲授的主修课程有 4 科："英文读本"（English Reader）、"英文切音"（English Spelling）、"英语口语"（Spoken English）和"英作文易解"（Easy Lessons in Composition）。由塾师讲授的辅修课程有 4 科："国语"、"四书"、"东莱博议"[18]和"珠算"。[19]福音精舍同样也是一所语言培训学校，传教士在此由塾师教授榕腔，学会使用由戚继光（1528-1588 年）、林碧山编写的福州方言字典《戚林八音》（*Chék-lìng-báik-ĭng*）。另外传教士自己会用罗马拼音学习榕腔。学生中有 4 位年轻男子，分别是：沈守真、倪玉成（1840-1890 年）、刘孟湜、王炳臣（后离开）。咸丰六年（1856 年），首届毕业生有沈守真、倪玉成、刘孟湜等 3 人。他们成为美国新教教会在中国培养造就的第一批具有一定英语水平并能胜任传教工作的本土传道人。刘孟湜[20]成为美国公理会第一位中国籍牧师。[21]倪玉成即聚会处创建人倪柝声的祖父，其子倪文修（Ni Weng-Sioe，1877-1941 年）即倪柝声父亲，毕业于鹤龄英华书院。[22]3 名女生成为教会会友，其中 2 人嫁给传教士助手。咸丰六年（1856 年）4

16 《福建协和道学院历史》，刊于《圣公会报》，第 19 卷第 9 期，1926 年，第 6-10 页，特别参见第 7 页。

17 徐心希主编：《闽都书院》，福建：福建美术出版社，2009 年 12 月第 1 版，第 280 页。

18 即《左氏博议》，吕祖谦（1137-1181 年）撰写论述《春秋》的著作，又名《东莱先生左氏博议》。

19 郑瑞荣：《榕城格致书院——福州私立格致中学简史（1848-1952 年）》，同上，第 3 页；本书编委会：《走进格致》，同上，第 3 页。

20 现今福州的"观巷基督教堂"，是美国公理会在福州建造的第二座教堂，也是该会闽北教区以及民国十六年（1927 年）以后的中华基督教会闽中协会的总堂。该堂建于光绪七年（1881 年），位于福州古城（今鼓楼区）南部的太平街，故名"太平街教堂"，后格致书院第十一届（1906 年）毕业生刘谦安（钦侯）为纪念其父刘孟湜牧师，捐献巨款扩建新堂，民国四年（1915 年）改名为"刘孟湜牧师纪念堂"，简称"刘公纪念堂"。该堂总建筑面积 1,888 平方米，可容纳 1,000 人，装有巨型管风琴。此为福建第一台管风琴。美国公理会在此举行大型节日音乐会。1992 年，该堂改名为"观巷基督教堂"，重新开放，2005 年被教会自己拆毁，改建新堂。

21 郑瑞荣：《榕城格致书院——福州私立格致中学简史（1848-1952 年）》，同上，第 3 页。

22 林金水等：《福建与中西文化交流史论》，同上，第 144 页，此处记述为 4 人均毕

月，福音精舍的一位正教员受洗入会，成为美国公理会“最先进会之会友”。咸丰七年（1857 年），正教员之妻以及副教员、4 位学生相继受洗。[23]咸丰十年（1860），美国公理会在福州的信徒发展到 12 人，其中 7 人来自卢公明所创办的福音精舍。[24]

1860 年（咸丰十年）卢公明全家福[25]

咸丰六年（1856 年）4 月，美国公理会吸纳第一个当地人即上述的正教员受洗。次年 5 月，美国公理会在福州建造的第一座教堂“救主堂”（Church of the Savior）在南台铺前顶建成，距大桥即万寿桥约一英里之处，采用砖石结构；同年 10 月，4 名当地人受洗。同治二年（1863 年）5 月，在距福州城 27 英里的长乐（Chang-loh）县，7 名教徒组成新堂；同年 6 月，9 名教徒从救主堂退出，在市区内另组建新堂。[26]随着本地基督徒兴起，对本地教牧人才的需

业；本书编委会：《走进格致》，福州：海峡文艺出版社，2017 年 9 月第 1 版，第 3 页，此处记述为 3 人。

23 《福建协和道学院历史》，同上，第 7 页。

24 林键：《近代福州基督教神学教育事工的创始与发展》（The Initiation and Development of the Christianity Theory Education Work in Fuzhou at Modern Age），刊于《金陵神学志》（*Nanjing Theological Review*），第 91-92 期，2012 年 1-2 月，第 228-244 页，特别参见第 232 页。

25 图片取自“中国货币收藏”（Chinese Money Matters）网站：https://chinesemoneymatters.wordpress.com/2017/08/01/collector-justus-doolittle-1824-1880/，引用日期：2022 年 3 月 12 日。

26 [美]卢公明（Justus Doolittle）：《中国人的社会生活》（*Social Life of the Chinese*），陈泽平译，福州：福建人民出版社，2009 年 1 月第 1 版，第 13 页。本文采用英文

求开始出现。咸丰八年（1858 年），福音精舍的教员与学生全部担任传道，并进一步接受圣经教育，教员由夏察理担任。夏察理出生于麻萨诸塞州的林肯（Lincoln, Massachusetts）郡，入读麻萨诸塞州韦斯特福德学院（Westford Academy），毕业后担任教师数月；1849 年（道光二十九年），入安默斯特学院攻读神学；1852 年（咸丰二年）毕业，获文学硕士学位，10 月 13 日在麻萨诸塞州林肯郡被按立为牧师，受美国公理会差派于 11 月 3 日偕妻夏璐熙（Lucy Estabrook Stearns Hartwell，？-1883 年）登船前往中国，次年 6 月 9 日到达福州；咸丰五年（1855 年），在仓前山小岭顶租蔡姓民居设布道所；同治二年（1863 年），在福州城内的九仙山即于山购地，建圣教楼和"洋界"；光绪九年（1883 年），发妻病故；光绪十一年（1885 年）娶弼履仁遗孀为继配；光绪三十一年（1905 年），因心力衰竭在福州去世，葬于洋墓亭。为纪念他，信众在开元路兴建"夏公遗爱堂"（Hartwell Memorial Church）。夏察理在福州布道近半个世纪，说一口流利的闽东方言，著述颇多，成为著名的汉学家，部分著作包括：《上帝总论》（1862 年）、《新旧约书为天示论》（1862 年）、《耶稣教要旨》（1863 年）、《真理易知》（1863 年）、《圣教便览五字经》（1871 年）和《小学四字经》（1874 年）等中文通俗读物，与人合作将部分《新约》译为闽东方言，在《教务杂志》发表关于中国的文章，参与麦利和（又译"麦铿利"、"麦可利"，Robert Samuel Maclay，1824-1907 年）、保灵（Stephen Livingstone Baldwin，1835-1902 年，1858-1882 年在华）等编著的《榕腔注音字典》（*An Alphabetic Dictionary of the Chinese Language in the Foochow Dialect*）光绪二十四年（1898 年）版的编辑工作。光绪三十四年（1908 年），继配在福州去世。其女夏咏美（Emily Susan Hartwell，1859-1951 年）也是在华传教士。[27]

原版：*Justus Doolittle: Social Life of the Chinese: with Some Account of their Religious, Governmental, Educational and Business Customs and Opinions, with Special But Not Exclusive Reference to Fuhchau*, New York: Harper & Bros.，两卷本，1865 年，第 33-34 页。有资料认为，救主堂为美以美会牧师麦利和所建，明显不合乎历史事实。当时美国公理会不可能由美以美会牧师来建堂。同时，有资料认为，麦利和将保福山学堂改为格致书院，也不符合历史事实。麦利和是美以美会牧师，且其履历中未见担任格致书院主理的记录。麦利和在教会大学上的主要贡献是创办英华书院。这种错误参见《格物致知 真学源流》编委会编：《格物致知 真学源流：福州格致中学校史简编》，同上，第 7 页。

27 [美]蔚利高（Myron C. Wilcox）：《纪念文学硕士夏察理》（In Memoriam: Rev. Charles Hartwell, M. A.），刊于《教务杂志》（*The Chinese Recorder*），第 36 期，1905 年 4 月，第 190-194 页。

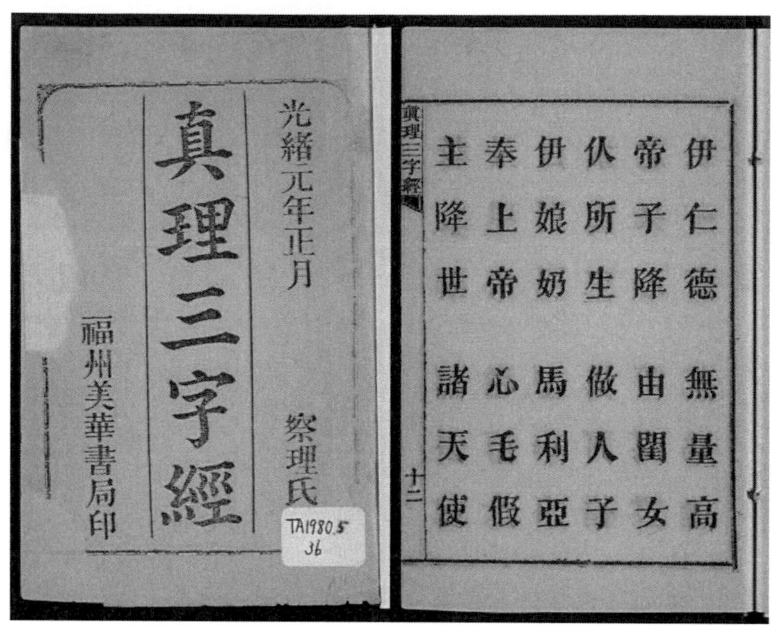
光緒元年正月
真理三字經
察理氏
福州美華書局印

真理三字經
伊仁德 無量高
帝子降 由閨女
仈所生 做人子
伊娘奶 馬利亞
奉上帝 心毛假
主降世 諸天使
十二

夏察理编译的榕腔《真理三字经》，光绪元年（1875年）版封面，第12页。

夏察理编译的榕腔《真理三字经》（*Three Character of Gospel in the Foochow Colloquial*）[28]，模仿汉语《三字经》，将最基本的基督教教义用福州方言表述出来，浅显易懂，朗朗上口，也易于记忆，是最初的传教与神学发蒙读物。全文照录如下：[29]

元早早 毛天地 凡人物 昧切備 當彼時 務上帝 第一先 第一快 毛生日 毛朝代 永生神 自然在 都毛形 都毛像 共仈毛 伓一様 是神靈 一隻主 隨處着 毛塊躲 主看仈 仈不見 萬物主 伓駛現 造仈心 創仈耳 聽伊聲 仈伊意 凡世人 當敬拜 是眞主 着倚賴 主全能 創造天 地諸乇 隨時添 萬物完 就造仈 男共女 性相同 先用土 塑仈身 吹生氣 賜靈心 造一男 名亞當 毛別仈 儺做幫 主駛伊 困頂深 取脅骨 化仈身 造一女 名夏娃 齊結親 先立家 成萬類 都造成 造化主 務樂心 都順旨 都尊崇 顯明主 造化功 主仁慈 設園所 盡作佳 賜始祖 着園裹 凡百菓 連諸乇 都最好 憑在伊 都儺傖 伓一株 伓通摘 因上帝 試二位 或從命 或違背 許一時 不幸務 魔鬼頭 心大妒 忌二人 設計策 惑伊心 敗伊德 謟媚仈 讒譖主 引伊傖 善

28 福州闽北圣书会印发，福州美华书局活板，1875年。

29 （仈），闽南语，即“人”。

惡果 從此時 儉心變 自然惡 毛從善 凡仔孫 都一體 憑私心 悖上帝 犯天命 不應饒 自始祖 禍長流 主責伊 逐出園 賣長生 着死亡 男流汗 去做田 一世亻 苦謀生 女服夫 多艱難 添子女 務不安 自上古 病痛興 毛喇亻 免臨身 務俩亻 藉惡強 毛天理 欺善良 俤一國 毛孤貧 俤一家 毛苦情 萬世代 都不安 吃虧死 勞苦生 不特嚽心蒙昧 諸天條 都違背 不知眞 溺愛假 欲自專 離上帝 棄眞主 設形像 拜偶神 諸物様 毛心腸 賣靈動 尊敬伊 何等歇 因凡事 上帝定 或富貴 或亻命 伊主張 施福禄 或豐年 五穀熟 操諸權 管諸數 亻共毛 都保護 諸神佛 毛權柄 都是藉 亻照看 伊衆身 是亻塑 㑘毛雕 冬那務 亻故務 仈賣真 靈性理 賣分明 論魂魄 話賣純 魄六七 共三魂 冬那梨 更務差 或毛變 投人家 論歸着 更可憐 變禽獸 或化生 都伓想 亻其身 罷奶生 㑘一丁 上帝賜 伊靈魂 㑘一隻 理是純 由天梨 該歸天 魂賣死 活萬年 賣轉世 賣做神 毛變鬼 永爲人 過世後 受善惡 照生前 毛差錯 因上帝 判諸事 盡分明 毛造次 善歸光 惡歸暗 理當然 㑚决斷 福無窮 㑚長久 禍永遠 毛減少 學頭生 少慧性 毛靈魂 毛報應 主造伊 大仁愛 將諸類 乞亻駛 或犂田 或守夜 憑在我 都㑚做 欲刣儉 也毛鄭 主賜亻 啫權柄 亻其罪是難容 無數算 實無窮 深去海 高去天 該受禍 萬萬年 頂幸的 上帝心 不忍滅 諸世人 可憐我 施鴻恩 立中保 罪承當 駛帝子 梨降生 替亻死 贖罪愆 上帝愛 只俩亻 古共今 都相同 駛子梨 救靈魂 離罪惡 免沉淪 上帝恩 無限多 伊仁德 無量高 帝子降 由閨女 亻所生 做人子 伊娘奶 馬利亞 奉上帝 心毛假 主降世 諸天使 教牧羊 轉去覷 星現出 邀博士 自別國 梨奉事 本國王 眞可惜 起呆心 暗謀畫 主一家 就逃避 免受害 碍救世 後轉梨 自埃及 就居住 拿撒勒 主自幼 盡孝順 做仔伲 好模様 十二歲 主聰明 仈眞道 熟聖經 遵條例 上聖京 敬上帝 大虔心 主守節 年年梨 守聖日 毛失期 伊生業 做都成 六日間 助雙親 主降世 救世間 都毛嫌 家貧寒 我衆亻 多苦貧 伊甘願 也同情 梨救我 主用心 當勞苦 願屈身 伊做亻 盡謙虛 因救世 名耶穌 主耶穌 年三十 出傳道 行神跡 自天梨 傳天旨 教亻得 福無比 論天堂 共地獄 受永禍 享永福 講立德 共修行 比世人 高無限 伊宣講 多譬喩 說天道 用諸事 或穡種 或請

酒 或抛緼 代不少 自京城 彀鄉下 主行遍 傳眞道 三年足 盡劳苦 指點仈 歸樂土 主仅務 證分明 伊所傳 是福音 奉天命 梨降臨 凡所講 是真情 主現出 大才能 務仈死 駛囘生 或痼老 或眚盲 都僆醫 毛艱難 凡此事 主顯明 可憐仈 仁愛心 仅證見 伊操權 管諸事 連死亡 啫權柄 俤仈操 啫大德 實如何 上帝子 眞是伊 救世主 毛可疑 主受死 贖仈罪 恩至極 實無對 伊甘願 當啫苦 救我仈 罪無數 呆仈嫌 就誣告 干官長 釘死去 伊棄主 罪頂重 因不知 敢戲弄 主釘死 十字架 六點鐘 伊釘掛 想救世 難成就 當午時 天變暗 彀未尾 氣就斷 看守官 見如此 證見主 上帝子 主由架 放落梨 用繽布 包身屍 埋新墓 官撥兵 守三日 防偷情 伊伓想 主務權 自家活 離死亡 仅活時 兵頂驚 轉囘報 再入城 仅活後 主耶穌 多次現 見使徒 務一日 會門生 五百名 山上登 四十日 主教伊 論天道 立會基 後上天 務實情 當仈前 白日昇 衆門生 奉主命 就盡心 憑命令 自猶太 京城起 去各國 傳聖旨 伊傳道 仅作證

第三节　格致书院

格致书院（1858-1913 年）

格致中学（1913-1927 年）

私立格致中学（1927-1952 年）

咸丰八年（1858 年），摩嘉立（又译“摩怜”，Caleb Cook Baldwin，1820-1911 年）牧师任保福山学堂主理。[30]美国公理会将在华创办的这家外塾改名为格致书院，保福山学堂因此易名。[31]咸丰九年（1859 年），美国公理会教育传教士吴思明（Simeon Foster Woodin，1833-1896 年）牧师担任主理，在保福山

30 台江区地方志编纂委员会编：《台江区志》，王怡挺主编，北京：方志出版社，1997 年 6 月第 1 版，第 829 页。

31 有资料认为，保福山学堂与福音精舍同时改名为格致书院。这种记述不合乎当时的办学机制。正如前文所述，早期传教士入华办学分为两种：外塾与内塾。前者对外招生，不论是否是基督徒，而后者则只针对基督徒办学，旨在培养传道人，提供平信徒的神学教育。外塾，也称“外学”（Day School），即日校，学生中优秀的男女生可升入“内学”（Boarding School）即内塾或寄宿学校。在此意义上，外垫为内垫提供生源。

建造木构三层校舍 1 座与小操场，在操场口竖立杉木大门框用作校门，上书“格致书院”四个大字。[32]同治三年（1864 年），格致书院迁往城内于山北麓金粟台。民国二年（1913 年），格致书院改为格致中学；民国十六年（1927 年），格致中学改为私立格致中学（1927-1952 年）。关于格致书院的具体发展历史，本书将另外分卷详述。

摩嘉立[33]

第四节　于山神学堂

于山神学堂（1860-1896？年）

咸丰十年（1860 年），夏察理和吴思明以 1,345 美元购买福州城内九仙山（今于山）之北白塔寺（后改为“太平街”）以东的山麓兴贤铺、金粟山、山顶社等 6 处房地产，建起 2 座洋楼，用作他们的寓所。经过十多年不懈努力，美国公理会终于从福州城外进入城内落脚。此处成为美国公理会传教重地。榕

32 参见《格物致知　真学源流》编委会编：《格物致知　真学源流：福州格致中学校史简编》，同上，第 7 页。

33 照片取自“世界传教士”（Missionaries of the World）网站：https://www.missionariesoftheworld.org/2011/07/caleb-cook-baldwin.html，引用日期：2022 年 7 月 31 日。

城格致书院由保福山迁址于此，圣教医院（Foochow Missionary Hospital）即福州基督教协和医院（Foochow Christian Union Hospital）的前身、刘孟湜牧师纪念堂（1916 年）都先后在此兴建。[34]同治三年（1864 年），格致书院男生迁入城内太平街新校舍，保福山文山女学堂迁入保福山旧校舍。[35]美国公理会还在福州城内于山之麓开设神学堂，凡有志于传道者，均可报名入学。[36]咸丰十年（1860 年）2 月 7 日，吴思明受美国公理会差派携妻来华传教[37]，同治三年（1864 年）驻永泰，成为永泰第一位美籍传教士。他聘请中国人陈娘皋襄理，光绪二十五年（1899 年）建礼拜堂“真道堂”，后称“思明楼”。[38]吴思明转驻福州后，主持福州差会工作，兼任格致书院主理。吴思明的译述颇丰，均使用福州平话即榕腔，其中包括：《西算启蒙》，即小学算术启蒙教材；同治八年（1869 年）福州城内太平街福音堂刊行的《基督徒日用神粮书》；光绪二年（1876 年）福州美华书局刊印的《救主行传》；光绪十五年（1889 年）福州救主堂刊行的《人道初学》等。[39]吴思明译有福州平话《路得记》。[40]

至此，美国公理会的神学教育机构分布于福州城外的保福山以及城内的于山之麓。[41]摩嘉立对美国公理会早期神学教育事业作出积极贡献。他出生于美国新泽西州的布鲁姆菲尔德（Bloomfield, New Jersey），1841 年（道光二十一年）毕业于新泽西学院（College of New Jersey，1746 年创建，即后来的普林斯顿大学）；1847 年（道光二十七年）从普林斯顿神学院（Princeton Theological Seminary，1812 年创办）毕业，同年 5 月 25 日在新泽西州纽瓦克（Newark）的一家长老会被按立为牧师，9 月 28 日与费哈丽（Harriet Fairchild，？-1896

34 林键：《近代福州基督教神学教育事工的创始与发展》（The Initiation and Development of the Christianity Theory Education Work in Fuzhou at Modern Age），同上，第 230 页。

35 参见《格物致知　真学源流》编委会编：《格物致知　真学源流：福州格致中学校史简编》，同上，第 8 页。

36 《福建协和道学院历史》，同上，第 7 页。

37 Alexander Wylie: *Memorials of Protestant Missionaries to the Chinese*, Shanghai: American Presbyterian Mission Press，1867 年，第 256 页。

38 何绵山：《福建宗教文化》，天津：天津社会科学院出版社，2004 年 4 月第 1 版，第 159 页。

39 复旦大学历史地理研究中心编：《跨越空间的文化：16-19 世纪中西文化的相遇与调适》，上海：东方出版中心，2010 年 5 月第 1 版，第 100 页。

40 福州：美华书局，同治十三年（1874 年）。

41 《福建协和道学院历史》，同上，第 7 页。

年）结婚，随即由美国长老会派遣携妻加入美国公理会前往中国。因此，摩嘉立不仅是美国公理会先驱传教士之一，也是美国长老会先驱传教士之一。道光二十八年（1848 年）春，摩嘉立夫妇抵达福州，在华传教 47 年（1848-1895 年），近半个世纪，期间只回美 3 次（1857-1859 年，1873 年，1886-1887 年）。光绪二十一年（1895 年）摩嘉立夫妇退休回美。摩嘉立的著作主要包括：《万国通鉴》（福州：美华书局，1892 年）；与麦利和合作完成的《榕腔注音字典》、《榕腔初学撮要》（*Manual of the Foochow Dialect*）（1871 年）。他和妻子将大部分《圣经》译成福州方言，并编写神学教材《要理问答》（*Catechism of Christian Doctrine*）。[42]

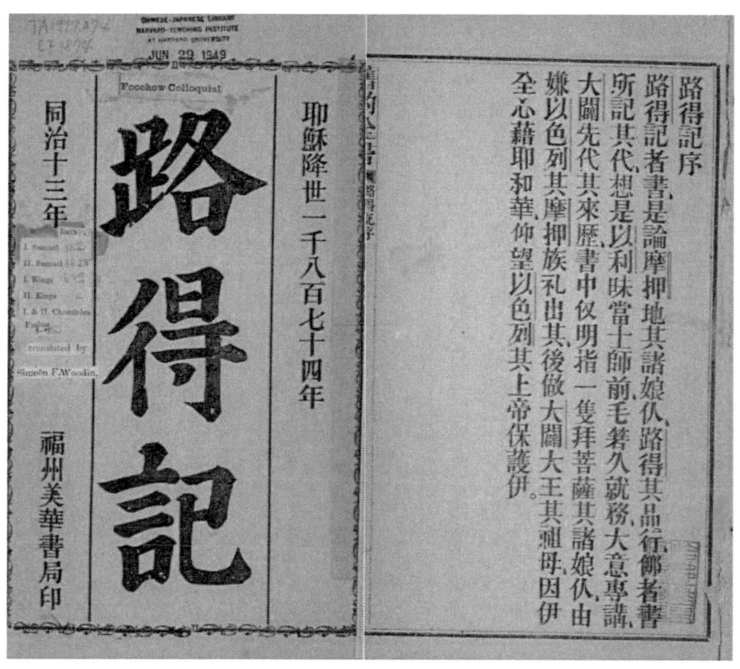

Foochow Colloquial

同治十三年

路得記

耶穌降世一千八百七十四年

translated by
Simeon F. Woodin.

福州美華書局印

路得記序

路得記者書，是論摩押地其諸娘仈，路得其品行，卿者書所記其代，想是以利味當士師前，毛幾久就務，大意專講大闢先代其來歷，書中仅明指一隻拜菩薩其諸娘仈，由嫌以色列其摩押族礼出其，後做大闢大王其祖母，因伊全心藉耶和華，仰望以色列其上帝保護伊。

吴思明译福州平话《路得记》封面及序言，哈佛燕京学社收藏。

42　参见《摩嘉立手稿收藏》（Caleb Cook Baldwin Manuscript Collection），刊于“普林斯顿神学院图书馆”（Princeton Theological Seminary Library）网站：https://princetonseminaryarchives.libraryhost.com/repositories/2/resources/590，引用日期：2022 年 3 月 10 日；另外参见《摩嘉立》（Caleb Cook Baldwin），刊于“世界传教士”（missionaries of the world）网站：https://www.missionariesoftheworld.org/2011/07/caleb-cook-baldwin.html，发布日期：July 03, 2011，引用日期：2022 年 3 月 10 日。关于《摩嘉立手稿收藏》（Caleb Cook Baldwin Manuscript Collection），参见“阿特拉电子图书馆”（Atla Digital Library）：https://dl.atla.com/collections/caleb-cook-baldwin-manuscript-collection?locale=en，引用日期：2022 年 3 月 12 日。

摩嘉立夫妇及其编写的神学教材《要理问答》[43]

第五节　圣学书院

圣学书院（1896-1912 年）

禅益知：1896-1904 年

何乐益：1904-1912 年

光绪二十一年（1895 年）8 月，福建圣公会发生“古田教案”之后，民众反而认识到基督徒是好人，并非恶魔，在闽各新教宗派慕道友人数快速增加，各乡请求立堂，但是本地传道人数不足，只能请热心传道的教友、教员、医生、售书人，甚至传教士的厨师来帮助讲道，主理会堂事务。为培养本地神职人员，适应教会人数空前增长的需要，美国公理会于光绪二十二年（1896 年）收购保福山铺前顶救主堂之左旁店铺，设立传道培训班“圣学书院”。禅益知（Willard Livingstone Beard，1865-1947 年，1894-1941 年在华）担任首任主理即校长，陈敏望担任首任副理即副校长，教员有陈敏望。[44]最初招收学生 10

43 图片取自《摩嘉立手稿收藏》（Caleb Cook Baldwin Manuscript Collection），刊于“阿特拉电子图书馆”（Atla Digital Library）网站：https://commons.ptsem.edu/id/photographmrmrsc00unse，https://archive.org/details/printedpapersamp00unse/page/n3/mode/2up?view=theater，引用日期：2022 年 3 月 12 日。

44 《福建协和道学院历史》，同上，第 7 页。另外参见郑瑞荣：《榕城格致书院——福州私立格致中学简史（1848-1952 年）》，同上，第 5-6 页，记述所聘请中国教员为“江石荪”。

人。[45]前文叙及美国公理会在城外的保福山及城内的于山开设神学堂培训本地神职人员。相关文献资料未见说明此两处神学养成所的去向。从当时的办学条件以及生源来说，出于节约办学资金、生源相对不足、办学地址合并考虑，上两处机构在正规的圣学书院开学行课之后不久即应停办，并入其中。

禅益知（右一）与参加会议的学生代表，福州，约宣统三年-民国二年（1911-1913年）。[46]

禅益知出生于美国康涅狄格州的谢尔顿（Shelton, Connecticut），[47]1887 年（光绪十二年）就读于欧柏林学院（Oberlin College），1891 年（光绪十七年）获文学士学位；1894 年（光绪二十年）从哈特福德神学院毕业，9 月 5 日，与计艾伦（Ellen Lucy Kinney，1868-1953 年）结婚，9 月 11 日被按立为牧师，不久即一同受美国公理会差遣前往中国。1895 年（光绪二十一年），禅益知在福州主理美国公理会。为推广教会工作，禅益知在洪山镇的洪山桥今 136 号，设一“外塾”即日学，每星期日派圣学书院的翁怀友到“外塾”教课。光绪二十五年（1899 年），禅益知改“外塾”为“永生堂”。以后在此担任传道员

45 《福建协和道学院历史》，同上，第 7 页。

46 图片取自“南加州大学数字图书馆”网站：https://digitallibrary.usc.edu/asset-management/2A3BF1DLPIAS?FR_=1&W=1799&H=697，引用日期：2022 年 3 月 4 日。

47 也有史料记述出生地为“亨廷顿”（Huntington），为同一个地点的不同名称。

的有翁怀友等人。[48]1904 年（光绪三十年），禅益知辞主理职，建立福州基督教青年会并担任总干事（1904-1909 年）。宣统二年（1910 年），他返美，在纽约市担任美国公理会差会干事（1910-1912 年）。民国元年（1912 年），禅益知返回中国，担任榕城格致书院校长（1913-1927 年），他的老同事陈敏望任格致书院教务长。光绪二十五年（1899 年），陈敏望出席在美国诺思菲尔德（Northfield）及威廉姆斯顿（Williamston）举办的世界基督教学生同盟（World's Student Christian Federation, WSCF）第二次会议，成为中国基督教青年会派往国外的第一人。[49]民国十六年（1927 年）后，禅益知在中国从事公众传教工作（1927-1936 年）。民国三十年（1941 年），禅益知返回故乡，先后在华传教 45 年。[50]

青年时代的禅益知夫妇[51]

48 《洪山镇志》编纂委员会编纂：《洪山镇志》，林友明主编，福州：福建教育出版社，1998 年 11 月第 1 版，第 353 页。

49 《概述》，刊于“厦门基督教青年会”网站：https://www.ymca-xm.org/Content/1215622.html，引用日期：2022 年 3 月 4 日。

50 《从世纪农场到福州：禅益知家族书集》（From Century Farm to Foochow: The Beard Family Letters），刊于“耶鲁大学神学院”官方网站：https://divinity-adhoc.library.yale.edu/BeardPapers/-Beard_Introduction.pdf，引用日期：2022 年 3 月 5 日，电子版文章无页码。

51 《从世纪农场到福州：禅益知家族书集》（From Century Farm to Foochow: The Beard Family Letters），刊于“耶鲁大学神学院”官方网站：https://divinity-adhoc.library.yale.edu/BeardPapers/-Beard_Introduction.pdf，引用日期：2022 年 3 月 5 日，电子版文章无页码。

圣学书院第一届招收 10 位学生，其中包括黄森兴、王祖培、陈开聘、李炳先、林日发、邱景年、陈瑞麟、吴道惠、翁怀友等。每年添招新生。生源多为各属教会保送。因救主堂改建，光绪二十二年（1896 年）校址迁往城内于山之麓。美国公理会将两处办学机构合于一处，后于山大兴土木，圣学书院再迁入位于太平街的榕城格致书院之内。圣学书院自创立的光绪二十二年（1896 年）至光绪三十年（1904 年），入书院修业者有 52 人。[52]光绪三十年（1904 年），何乐益（Lewis Hodous，1872-1949 年）接裨益知任主理。[53]

BUDDHISM AND BUDDHISTS IN CHINA

BY

LEWIS HODOUS, D.D.

Professor of Missions in China in the Kennedy School of Missions, Hartford, Connecticut, and Long-time Member of the Foochow Mission of the American Board

New York
THE MACMILLAN COMPANY
1924

《中国的佛教与佛教徒》扉页，何乐益在该书中展开耶释对话。

美国公理会教育传教士何乐益，不仅是一位教育家，也是汉学家和佛学家，生于波希米亚的韦塞克（Vesec, Bohemia），现属于捷克共和国，1882 年（光绪八年）随父母移居美国；1897 年（光绪二十三年），从西储大学阿德伯

52 《福建协和道学院历史》，同上，第 7 页。

53 《福建协和道学院历史》，同上，第 7 页。

特学院（Adelbert College of Western Reserve University）毕业；1900 年（光绪二十六年），从哈特福德神学院毕业，之后赴德国哈雷大学（University of Halle）进修 1 年；1901 年（光绪二十七年），由美国公理会按立为传道人，随即奉派偕新婚妻子何叶安娜（Anna Jelinek Hodous，1874-1947 年）[54]来华布道兴学 17 年，驻福州，在圣学书院任教（1902-1904 年），出任主理（1904-1912 年）；辛亥革命时参加中国红十字会活动，积极参与福建协和大学（Fukien Union University）的筹办工作。民国元年（1912 年）福建协和道学院成立，民国三年（1914 年）何乐益接任院长（1914-1917 年）；民国六年（1917 年）辞职，携眷离榕返美，任哈特福德神学院基金会（Hartford Seminary Foundation）肯尼迪传道学校（The Kennedy Shcool of Missions）中国传教研究教授（1917-1945 年），兼哈特福德神学院宗教历史和哲学教授（1928-1941 年）；1945 年（民国三十四年）退休。二战期间，何乐益任美国政府译员。何乐益的研究领域是佛学和中国民间宗教，主要著述包括：

专著

[美]何乐益（Lewis Hodous）：《中国的佛教与佛教徒》（*Buddhism and Buddhists in China*），New York: The Macmillan Company，1924 年。

[美]何乐益（Lewis Hodous）：《中国民俗考》（*Folkways in China*），London; Arthur Probsthain，1929 年。

[美]何乐益（Lewis Hodous）：《中国语言文化学生速成读本》（*Careers for Students of Chinese Language and Civilization*），Chicago: University of Chicago Press，1933 年。

合编

[美]何乐益（Lewis Hodous）、[英]苏慧廉（William Edward Soothill）编辑：《中国佛教术语辞典：附录梵语-英语对照、梵语-巴利文索引》（*A Dictionary of Chinese Buddhist Terms: with Sanskrit and English Equivalents and a Sanskrit-Pali Index*），Delhi, Varanasi, Patna: Motilal Banarsidass，1937 年。

54 参见《叶安娜》（Anna Jelinek，1874-1947），刊于“祖先”（ancestry）网站：https://www.ancestry.com/genealogy/records/anna-jelinek-24-424nw2，引用日期：2022 年 3 月 12 日。

合著

[美]何乐益（Lewis Hodous）等：《中国》（*China*），Columbus, Ohio: Centenary Celebration of Methodist Missions，1919 年。

译著

[美]桑代克（Edward Lee Thorndike，1874-1949 年）：《教育学：根据最新心理学》（《基于心理学的教学原理》，（*Principles of Teaching: Based on Psychology*），[美]何乐益译，上海：广学会，1918 年。[55]

民国元年（1912 年），圣学书院并入福州三公会联合成立的福建协和道学院。至民国元年（1912 年），圣学书院总计毕业 11 个班，计有 40 余人毕业。他们毕业后任各堂传道人。[56]光绪二十二年（1896 年），美国公理会召开五十周年纪念会。根据该会统计，其年美国公理会有："本地牧师 7 人，传道 29 人，神学生 10 人，医学生 10 人，教员 57 人，售书 33 人，洗礼会友 538 人，合学习全数 1440 人。"[57]其中的神学生来自圣学书院。圣学书院最出名的校友是福州美国公理会四大名牧"翁邱吴马"：洪山堂翁怀友、福世堂邱景年、水部堂吴瞻斗及东门堂马良英。民国十年（1921 年），他们同时升为牧师。[58]另外，男毕业生升为牧师的有：李玉禄、郭百祯、李汝统等；女毕业生升为牧师的有：沈文英、许兰金等。[59]宣统三年（1911 年）中国基督徒为禁烟事，向英国皇帝呈递请愿书。此项请愿发起人为福州基督教青年会总干事黄乃裳（1849-1924 年），以及牧师、传道、医生、教员、学生等，共 30 人，签名赞同者，合福建全省九府二州所属 45 县各教会教徒 27,090 人。翁怀友参与签名。[60]

55 参见拉库爷爷的博客：《何乐益》，刊于"新浪博客"网站：http://blog.sina.com.cn/s/blog_44a823a80102xpt7.html，发布日期：2018-08-31 08:29:25，引用日期：2022 年 3 月 14 日。

56 翁怀友：《福州公理会传道史》，载《神学志特号 · 中华基督教历史 · 甲篇》，1924 年，第 194 页。

57 翁怀友：《福州公理会传道史》，同上，第 194 页。

58 翁怀友：《福州公理会传道史》，同上，第 194 页。

59 郑瑞荣：《榕城格致书院——福州私立格致中学简史（1848-1952 年）》，同上，第 5-6 页。

60 徐天胎编著：《福建民国史稿》，福州：福建人民出版社，2009 年 9 月第 1 版，第 414-417 页。

第四章　办学基础 1.0 版：美以美会神学校

第一节　男童学塾

男童学塾（1848-1872 年）

柯林：1848 年

喜谷：1848-1849 年

柯林：1949-1851 年

麦利和：1851-1871？年

道光二十七年（1847 年）4 月 15 日晚，美以美会首批传教士柯林（Judson Dwight Collins，1823-1852 年）牧师与怀德（Moses Clark White，1819-1900 年）牧师夫妇，乘坐“赫伯尔”（*Heber*）号邮轮从波士顿港启程，8 月 4 日达到澳门，经历 144 日之后于 9 月 4 日抵达闽江口，[1]6 日登陆，受到先行至此的美国公理会牧师杨顺与弼履仁[2]的热烈欢迎。此为美以美会传入东亚之始。[3]他

1　参见[美]雷约翰（J. M. Reid，1820-1896 年）、[美]葛约翰（J. T. Gracey，1831-1912 年）：《美以美会差会及传教士》（*Missions and Missionary Society of the Methodist Episcopal Church*），第 1 卷，同上，第 419 页。另外参加[美]卡尔松（Ellsworth C. Carlson）：《福州美以美会传教士（1847-1880 年）》（*The Foochow Missionary, 1847-1880*），Cambridge, Mass.: East Asian Research Center, Harvard University，1974 年，第 101 页；林金水等著：《福建与中西文化交流史论》，同上，第 55 页，记述“9 月 6 日”抵达福州。

2　林显芳：《福州美以美年会史》，同上，第 52 页。

3　[美]柏锡福（James Whitford Bashford）：《中国与美以美会》（*China and Methodism*），

们走过万寿桥，先借住于中洲岛美国公理会传教站，之后在此租屋。[4]他们试图到城内及城外南台建立传教点，均未能取得成功。

柯林[5]

道光二十八年（1848 年）2 月 28 日，柯林在寓所尝试开设男童学塾，开教育传教之门。[6]与此同时，怀德牧师则以医术行其道，将《马太福音》译为榕腔，另外翻译格致诸书，引入西方近代科学知识。[7]这种搭配也成为其后新

Cincinnati: Jennings and Graham，1906 年，第 48 页。另外参见戴显群主编：《福州市仓山区文史资料：仓山宗教文化萃编》，福州市仓山区政协委员会编，内部资料，2005 年 12 月，第 169 页，认为“9 月 7 日抵达福州”。

4 黄仰英（Y. Y. Huang）编著：《饮水思源》（*Streams of Living Water*），星加坡（新加坡）：星加坡信立村，新马出版印刷（彩印）公司印刷，非正式出版物，私人印制，1972 年 6 月，第 31 页。

5 [美]雷约翰（J. M. Reid，1820-1896 年）、[美]葛约翰（J. T. Gracey，1831-1912 年）：《美以美会差会及传教士》（*Missions and Missionary Society of the Methodist Episcopal Church*），第 1 卷，New York: Hunt & Eaton; Cincinnati: Cranston & Curts，1895 年，第 421 页

6 [美]雷约翰（J. M. Reid，1820-1896 年）、[美]葛约翰（J. T. Gracey，1831-1912 年）：《美以美会差会及传教士》（*Missions and Missionary Society of the Methodist Episcopal Church*），第 1 卷，同上，第 423 页。另外参见[美]力维韬（W. N. Lacy）：《卫理公会在华百年史》（*A Hundred Years of China Methodism*），Nashville,: Abingdon-Cokesbury Press，1948 年，第 140 页。

7 林显芳：《福州美以美年会史》，同上，第 52 页。

教在华传教的基本模式。柯林的男童学塾属于日校即外学、外塾，为此后类似的外塾建立样板：在一间租借的屋子中，请一位当地的塾师教授汉字及国学经典，每周六日每天有一半时间用来学习基督教课本，星期日参加宗教活动，所有的教学、宗教活动均有创办学校的传教士监管，每周七日并无休假，随时提供他认为有益的教导。男童学塾最初招收 8 名男童。咸丰元年（1851 年），柯林生病，不得不暂停教学活动。[8]

为了增援福州的传道工作，道光二十七年（1847 年）10 月 14 日，美以美会派遣喜谷（Henry A. Hickok，1819-1905 年，1848-1849 年在华）携发妻喜安艾米（Emily Green Avery Hickok，1822-1859 年）[9]与麦利和[10]前往中国。他们三人组从纽约乘坐“保罗·琼斯”（*Paul Jones*）号出发，于道光二十八年（1848 年）4 月 15 日[11]至福州中洲岛。喜谷负责福州教务，担任监督（superintendent），次年离开福州后[12]由密歇根大学毕业的柯林接任。道光三十年（1850 年）后，美以美会经过江南桥来到南台岛的仓前山，在镜山麓兴建美以美会第一座寓所，供柯林与麦利和居住。咸丰元年（1851 年），柯林因病回美，次年病逝，[13]成为美以美会第一位为中国殉教的传教士。咸丰二年（1852 年）3 月，麦利和

8　[美]力维韬（W. N. Lacy）：《卫理公会在华百年史》（*A Hundred Years of China Methodism*），同上，第 141 页。

9　关于喜谷夫妇的生卒年参见《喜谷》（Henry A. Hickok [1819-1905]），刊于“维基家谱”网站：https://www.wikitree.com/wiki/Hickok-462，引用日期：2022 年 3 月 5 日；《喜安艾米》（Emily Green [Avery] Hickok [1822-1859]），刊于“维基家谱”网站：https://www.wikitree.com/wiki/Avery-5497，引用日期：2022 年 3 月 5 日。参见[美]雷约翰（J. M. Reid，1820-1896 年）、[美]葛约翰（J. T. Gracey，1831-1912 年）：《美以美会差会及传教士》（*Missions and Missionary Society of the Methodist Episcopal Church*），第 1 卷，同上，第 423 页。

10　[美]柏锡福（James Whitford Bashford）：《中国与美以美会》（*China and Methodism*），同上，第 49 页，记述：“1848 年，麦和利牧师与妻子，喜谷（Harry Hickok）牧师与妻子抵达福州传教站。”显然记述有误，麦和利当时并未结婚，喜古的名字拼写有误。

11　林金水等著：《福建与中西文化交流史论》，同上，第 55 页，记述，“4 月 15 日”来到福州。也有资料记述抵达福州的时间是“4 月 12 日”。

12　喜谷携妻于道光二十八年（1848 年）初到达香港，不久后又继续前往目的地福州；此年初，由于健康状况不佳，不得不乘船返美，再也没有回到中国。参见[英]伟烈亚力（Alexander Wylie，1815-1887 年）：《基督教新教传教士在华名录》（*Memorials of Protestant Missionaries To the Chinese*），天津：天津人民出版社，2013 年 7 月第 1 版，第 216 页。

13　林金水等著：《福建与中西文化交流史论》，同上，第 55 页。

正式接任监督。咸丰三年（1853 年），怀德回美，专心学术，成为耶鲁大学教授。[14]1888 年（光绪十四年），美以美会第一位中国本土牧师谢锡恩（Sia Sek Ong，字秉圭，1825-1897 年）访美期间，登门拜访怀德教授。1892 年（光绪十八年），福州年议会筹建医院，怀德捐助 1 万元基金，且致函："我于梦中，恍在闽中。"[15]此后，美以美会在麦利和等人努力之下，以福州仓前山为中心，相继开办的各项事业主要有：毓英女校（Uk Ing Girls' School，1859 年）、福州圣教妇孺医院（1860 年）、美华书局（Methodist Episcopal Mission Press，1862 年）、马高爱医院（Magaw Memorial Hospital，俗称"岭后妇孺医院"，1877 年）、鹤龄英华书院（Hok-Ling Anglo-Chinese College，1881 年）等。

麦利和[16]

麦利和博士为美以美会在福州地区乃至整个东亚（特别是日本与朝鲜半岛）的传教工作发挥至关重要的奠基作用。麦利和出生于宾夕法尼亚州的康科

14 [美]柏锡福（James Whitford Bashford）：《中国与美以美会》（*China and Methodism*），同上，第 50 页。

15 林显芳：《福州美以美年会史》，同上，第 52-53 页。

16 林显芳：《福州美以美年会史》，同上，正文前插图，未标页码，按照顺序，第 11 页。

德（Concord, Pennsylvania），1841 年（道光二十一年）秋，入读迪金森学院（Dickinson College）；1845 年（道光二十五年）7 月 10 日毕业，获文学士学位，发表的毕业演讲题为《生命之规矩与标的》（The Rule and End of Life）；3 年后，获硕士学位。1847 年（道光二十七年），麦利和在美以美会巴尔的摩大会上被按立为牧师；不久，9 月 10 日，被选定为前往中国的传教士；10 月 14 日，与喜谷夫妇前往中国，次年 4 月 12 日到达福州；道光三十年（1850 年）7 月 10 日，娶太茂女学（后改为毓英女书院即毓英女校）主理斯蘅礼（Henrietta Caroline Sperry，1823-1879 年）[17]为妻。道光三十年（1850 年）9 月，麦利和夫妇在租借的寓所开设的女童学堂，只有一间简易校舍，建于庭院，花费 50-60 美金。[18]咸丰元年（1851 年），柯林回美治病前将男塾从中洲岛迁址南台岛仓前山麦利和夫妇居所附近，由他们来监管。[19]

真神堂[20]

17 关于斯蘅礼的生卒年，参见她与麦利和所生儿子的信息：《麦查理》（Charles Sperry Maclay [1854-1868]），刊于“先祖”（Ancestry）网站：https://www.ancestry.com/genealogy/records/charles-sperry-maclay-24-6x2c4v，引用日期：2022 年 3 月 8 日。

18 [美]力维韬（W. N. Lacy）：《卫理公会在华百年史》（*A Hundred Years of China Methodism*），同上，第 140 页。

19 [美]力维韬（W. N. Lacy）：《卫理公会在华百年史》（*A Hundred Years of China Methodism*），同上，第 141 页。

20 林显芳：《福州美以美年会史》，同上，正文前插图，未标页码，按照顺序，第 13 页。

福州天安堂[21]

麦利和在近代中国新教史上创下诸多的第一。咸丰六年（1856 年）8 月 3 日，麦利和在南台茶亭（The Tea Pavilion, 位于今福州市台江区八一七中路 660 号）建立美以美会亚洲第一堂，称“真神堂”（Iongchaw Church; Ching Sing Tong; The Church of the True God）；同年 10 月 18 日在南台岛仓前山建天安堂（Tienang Tong; Tienang Church; Heavenly Rest Church; The Church of Heavenly Peace）。咸丰七年（1857 年）7 月 14 日，在美以美会到福州传教十年之后，麦利和在天安堂为该会东亚地区第一位本地信徒福建长乐人 47 岁的陈安（字永高，Ting Ang, Ting An）施洗，[22]同时受洗的还有他的妻子、5 个子女以及众多亲戚。10 月 18 日，陈安的嫂子及其两个孩子受洗。[23]陈安夫人成为美以美会第一位中国本地女基督徒，当然也是福建省第一位新教女基督徒。[24]

21 林显芳：《福州美以美年会史》，同上，正文前插图，未标页码，按照顺序，第 14 页。

22 [美]麦利和（Robert Samuel Maclay）：《生活在中国人之中：附传教士工作特征概略、事件及在华前景》（*Life among the Chinese, with Characteristic Sketches and Incidents of Missionary Operations and Prospects in China*），同上，第 212 页；[美]柏锡福（James Whitford Bashford）：《中国与美以美会》（*China and Methodism*），同上，第 51 页。

23 [美]麦利和（Robert Samuel Maclay）：《生活在中国人之中：附传教士工作特征概略、事件及在华前景》（*Life among the Chinese, with Characteristic Sketches and Incidents of Missionary Operations and Prospects in China*），同上，第 214 页。

24 [美]柏锡福（James Whitford Bashford）：《中国与美以美会》（*China and Methodism*），同上，第 51 页。

美以美会东亚地区第一位本地基督徒陈永高[25]

咸丰九年（1859 年）底，麦利和返美。至此，由柯林创办的男童学塾接任者信息不详。相关史料未对该校的继任者给予记述。本书姑且认为麦利和长校至同治十年（1871 年）回美，次年学校升格为福州培元书院。咸丰十一年（1861 年），麦利和重回福州，利用募款筹建印书局——美华书局（Methodist Episcopal Mission Press）；同治二年（1863 年），差派小岭堂华人传道林振珍（Ling Ching Ting，字聘儒，原名“林式棫”）至兴化、永春、福清等地开拓，赁屋布道。同治五年（1866 年），美以美会在福州仓前山天安堂召开第一届布道年会，称美以美福州年议会，麦利和出任代理会督，将福州布道区划分为真神堂、天安堂、福音堂、小岭堂四循环。福州逐步发展成为该会远东布道中心。同治七年（1868 年），麦利和与美以美会教育传教士、中国教会大学先驱之一刘海澜（Hiram Harrison Lowry，1843-1924 年）夫妇从福州北上，至北京开拓新布道区。北京布道区仍隶属于福州年议会。此为美以美会传入华北的起点。同治八年（1869 年），美以美会母会派金斯理会督（Bishop Calvin Kingsley，1812-1870 年，金斯理又译“金司理”）来华，主领福州年议会，将在华教会分为福州、九江、北京三区，麦利和负责福州区，并举行首次按立礼；同年出任福州美华书局监督。同治九年（1870 年），福州年议会成立兴化连环，麦利

25 [美]雷约翰（J. M. Reid，1820-1896 年）、[美]葛约翰（J. T. Gracey，1831-1912 年）：《美以美会差会及传教士》（*Missions and Missionary Society of the Methodist Episcopal Church*），第 1 卷，同上，第 437 页。

和任连环司，辖 10 个循环。麦利和筹款在古田县城五保后街购房建造教堂，称“福华堂”；嗣与武林吉（Franklin Ohlinger，1845-1919 年）联袂至仙游开布道会。同治十年（1871 年），麦利和辞书局监督职返美。隔年，麦利和受美国公理会之命，赴日本开拓新区；1873 年（同治十二年）偕妻抵达横滨，成立日本差会。1879 年（光绪五年），麦利和发妻在横滨去世。1881 年（光绪七年），麦利和利用回美休假之机，重返福州，素志兴学，创办鹤龄英华书院。光绪八年（1882 年）6 月 6 日，麦利和在福州娶巴撒拉（Sarah Ann Barr）为继配。隔年，麦利和偕继室重返横滨；1883 年（光绪九年）在东京设英日书院，任教务长；1884 年（光绪十年）赴朝鲜汉城（今首尔）考察。1887 年（光绪十三年），麦利和在东亚工作 40 年后退休，携眷从汉城回美国洛杉矶。麦利和获得文科硕士学位及荣誉道学博士学位，在杂志上发表有关中国的文章，用福州土白和官话编译有《美以美会圣餐仪式》（*Methodist Episcopal Communion Service*）（1857 年）、《觉世文》（*Rousing Admonition for the Age*）（1857 年）、《受洗礼之约》（*The Baptismal Covenant*）（1857 年）、《祈祷文》（*Prayer Book*）（1857 年）、《美以美教会礼书》（*Ritual of the Methodist Episcopal Church*）（1858 年）、《美以美教会礼文》（*Ritual of the Methodist Episcopal Mission Church*）（1865 年）、《圣歌及曲谱》（*Hymn and Tune Book*）（1859 年）、《美以美教会礼文》（*Ritual of the Methodist Episcopal Mission Church*）、《依经问答》（*Scriptural Catechism*）（1865 年）、《榕腔神诗》（*Hymns in the Fuhchow Dialect*）（1865 年）和《信德统论》（*General Discourse on Faith*）（1865 年）等传教读物，参与同治二年（1863 年）榕腔《新约圣经》翻译，编著有英文《生活在中国人之中》；与美国公理会牧师摩嘉立合编《榕腔注音字典》、《榕腔初学撮要》等。[26]

第二节　美会学塾

美会学塾（1852-1872 年）

根据《福州美以美年会史》记述，美以美会向来重视神学教育，布道区域优先从事的教育工作是开办神学校，培养本地教牧人才。美以美会最早的神学校“创于 1852 年，咸丰二年。[27]时称美会学塾，教士基顺（又译“记信”，

26 参见[英]伟烈亚力（Alexander Wylie，1815-1887 年）：《基督教新教传教士在华名录》（*Memorials of Protestant Missionaries To the Chinese*），同上，第 214-216 页。

27 关于成立时间，史料记述并不一致，另外一种观点认为，同治七年（1868 年），美

Otis Gibson，1825-1889 年）为之长。”[28]美会学塾即美以美会学垫是新教在中国内地开设的第一家神学院，[29]被誉为在华新教神学院鼻祖，主要致力于培养本地传教人才。

同治八年（1869 年），美以美会培养出的第一批华人神职人员正式登上历史舞台。当年来福州主持年议会的金斯理会督在仓前山天安堂亲手为 7 位福州本地美以美会会友举行按立礼：许氏三兄弟许播美（Hü Po Mi，1826-1907 年）、许扬美（Hü Yong Mi，1838-1893 年）、许承美（Hü Sing Mi，1840-1898 年）以及谢锡恩、林振珍、李有美（Li Yu Mi）、叶英官（Yek Ing Kwang，原名“叶文英”）。[30]按照当时当地的习俗，牧师夫人被称为“师娘”（Sinaniong）。保

以美会在福州创办“美会学塾”，以培养宣教人才，其后曾一度停办，直到同治十二年（1873 年）复办，改名为“福音书院”，由保灵担任主理。参见仓山区地方志编纂委员会：《仓山区志》，同上，第 459 页。《福建协和道学院历史》，同上，第 6 页，认为：“咸丰二年以下，同治十年以上，吾闽无所谓福音院也。”“咸丰二年以下，同治十年以上”即 1860-1871 年。该处对神学教育的最初情况未作描述，以“福音院”为神学院之称呼。

28 林显芳：《福州美以美年会史》，美以美会宗教教育部事务所，民国廿五年（1936 年），第 25 页。

29 关于中国第一家新教神学院，有多种说法，其一，最先研究中国基督教神学教育、曾任福建协和道神学院教授的黎天锡（又译“黎天赐”，Samuel H. Leger，1891-1960 年）在《中国神学教育历史及批判研究》（*Education of Chinese Ministers in China A History and Critical Study*）第 10 页认为，同治五年（1866 年）英国长老会在厦门鼓浪屿建立的神学院为最早；其二，研究中国基督教神学教育的学者、曾任金陵神学院副院长的师当理（C. Stanley Smith，1890-1959 年）认为，中国第一所基督教神学校（theological seminary）在同治七年（1868 年）成立于厦门，但未提供细节；其三，中国基督教协进会的汤因注明该校即上述英国长老会的神学校，但认为咸丰二年（1852 年）美以美会在福州创办的美会学塾是最早“初具形式的神学院”，也是“中国领土上的神学院的鼻祖”。该院于咸丰十年（1860 年）改为道学院，民国元年（1912 年）并入福建协和神学院。师当理：《从欧美神学教育史认识新教在华神学教育进展》（*Development of Protestant Theological Education in China, in the Light of the History of the Education of the Clergy in Europe and America*），Shanghai: Hong Kong Kelly and Walsh，1941 年，第 29 页；汤因：《前美帝国主义长期控制下中国基督教神学院校史料简编》，载《协进》1953 年 3 月号，第 38 页。以上转引自徐以骅：《1949 年前中国基督教女子神学教育初探》，收录于陶飞亚编：《性别与历史：近代中国妇女与基督教》，上海：上海人民出版社，2006 年 8 月第 1 版，第 304-321 页，特别参见第 305 页注释 1。

30 丁先诚总编辑：《中华基督教卫理公会百周纪念册（1847-1947）》，百周年纪念委员会发行，1948 年，第 17 页。另外参见林金水等著：《福建与中西文化交流史论》，同上，第 150 页。

灵师娘（Mrs. Stephen Livingstone Baldwin）称他们为《圣经》中的“七盏烛台”、“七执事”。[31]

基顺夫妇[32]

美以美会第一批中国籍七执事：前排左起：谢锡恩、许扬美、许播美、林振珍；后排左起：李有美、许承美、叶英官。[33]

31 戴显群主编：《福州市仓山区文史资料：仓山宗教文化萃编》，同上，第 170 页。

32 Jeffrey L. Staley: “Gum Moon”: The First Fifty Years of Methodist Women’s Work in San Francisco Chinatown, 1870-1920，刊于“学术资源”（Academia）网站：https://www.academia.edu/10513167/Gum_Moon_The_First_Fifty_Years_of_Methodist_Women_s_Work_in_San_Francisco_Chinatown_1870_1920，引用日期：2022 年 3 月 3 日。

33 图片取自[美]薛撒拉（Sarah Moore Sites）：《薛承恩传：东方时代》（*Nathan Sites:*

许氏三兄弟中许播美居长，是美以美会继陈安之后第二位中国籍基督徒、首批中国籍牧师之一，祖居福建兴化府仙游县，原名瑞生，字承恩，生于时闽侯县茶亭乡，少年时好学，壮岁弃文从武，升为千总，赏戴五品军功，荐任守备。道光三十年（1850 年），麦利和在台南茶亭设堂，与许家为邻，彼此朝夕相处，久而久之许瑞生有悟，遂弃绝官勋，归而苦劝全家信道，从麦利和及基顺学道；咸丰七年（1857 年）十二月初三日，由麦利和施洗，改名播美，号腴田，意即“肥沃之田”，取自《马太福音》13：23。娲氏姐妹娲标礼（Beulah Woolston，1828-1886 年）、娲标民（又译“娲西利”，Sallie H. Woolston，1831-1910 年）到福建兴办女学，聘请许氏夫妇协同办学。咸丰八年（1858 年），许播美到省城福州传教，后被派遣至兴化府及永春、德化、大田等地，在兴化府驻守 4 年。同治八年（1869 年），许播美由金斯理会督按立为执事长牧，历任古田、兴化、福州福音堂、真神堂循环司。许播美因其器识文艺之优被举荐为保灵福音书院监学。许播美出任福清、福州、兴化连环司。他曾同保灵前往连江、罗源和福清一带布道。[34]许播美足迹遍布福建，对美以美会在福建的传播贡献颇大。

许扬美为许播美的弟弟，字执端，号作舟，其女许金訇（Hü King-eng，1866-1929 年）是中国最早留学海外并获医学博士的女子。许扬美 6 岁始读书，17 岁辍学，在酒馆、洋药店当伙计，于茶亭大街绘仙佛像售人；18 岁娶林氏为妻；咸丰八年（1858 年）受洗，次年就任专职传道人，在福州的牛坑、真神堂、东街福音堂，以及长乐、闽清、延平、福清、兴化等地传教。同治八年（1869 年），许扬美被按立为正牧，历任福州、闽清、福清、延平、兴化等地循环传道、连环司；光绪十年（1884 年）兼理天安堂。光绪十年（1884 年），许扬美退休；光绪十九年（1893 年）去世。[35]

---

an Epic of the East)，New York, Chicago, Toronto：Fleming H. Revell Company，1912 年，第 88-89 页之间插图。丁先诚总编辑：《中华基督教卫理公会百周纪念册（1847-1947）》，同上，第 17 页。

34 根据许播美见证原著，后代学道人整理材料，载于福州天安堂 150 周年纪念文献选编之二。黄时裕：《许播美》，刊于“典华”网站：http://bdcconline.net/zh-hans/stories/xu-bomei，引用日期：2022 年 3 月 4 日。

35 林显芳：《福州美以美年会史》，同上，第 70 页。另外参见翁伟志：《美以美会早期华人教牧的皈依：以福州许扬美为个案的考察》，刊于《福建师范大学学报（哲学社会科学版）》，2005 年第 4 期，总第 133 期，第 112-115 页，特别参见第 112 页。

许承美是许播美同父异母的弟弟，少从父兄学道，雅好丹青。传教士万为（Erastus Wentworth，1813-1886 年）见其聪慧过人，为其筹款游学美国 2 年。他回国路过旧金山，由基顺举荐在旧金山闽粤华侨中传道，回闽后娶广东冯氏为妻，由福州年议会调派，多次担任循环传道。同治六年（1867 年），许承美被按立为副牧；同治八年（1869 年），被授予长牧之职，成为美以美会中国第一批本土神职人员之一。许承美曾担任保灵福音书院监学一届、《闽省汇报》副理即副总编辑一届、连环司两届。光绪二十四年（1898 年），许承美去世。[36]

第三节　男童日学

男童日学（1856-1869 年）

基顺：1856-1864 年

保灵：1864-1869 年

另外，根据《福州美以美年会史》，咸丰七年（1857 年）为美以美会入闽第十周年，9 月 30 日，咸丰四年（1854 年）入华的美以美会教育传教士基顺向美国母会报告："余于 1856 年受命开办日学（当时似有另设夜学），只收学生 4 名。经几番之努力工作，共得 12 名。"[37]基顺夫妇于咸丰六年（1856 年）11 月 26 日开办的"寄宿义塾"（Boys' Boarding School），获得美以美会母会授权，成为美以美会教会教育的萌芽。最早入读的 4 位男童中的叶英官，咸丰九年（1859 年）加入教会，是这所男校中第一位完成学业的学生。[38]咸丰七年（1857 年）9 月 30 日，学校有 4 位教员，当时入读的 12 位学童中有 2 位被开除，1 位因学习能力不足，1 位因行为不端而离校。[39]咸丰九年（1859 年）新校舍建成，基顺记述："新校舍耗资 500 美元，包括一间小厨房、饭厅、教

---

36 林显芳：《福州美以美年会史》，同上，第 71-73 页。

37 林显芳：《福州美以美年会史》，同上，第 20 页。

38 [美]力维韬（W. N. Lacy）：《卫理公会在华百年史》（*A Hundred Years of China Methodism*），同上，第 141 页。另外参见[美]柏锡福（James Whitford Bashford）：《中国与美以美会》（*China and Methodism*），同上，第 48-49 页，记述："1848 年 2 月，美以美会开办第一家男校，有 8 名男童，一家女校，有 10 名女童，3 月还组织一家主日学校。"本书依据前者。

39 [美]麦利和（Robert Samuel Maclay）：《生活在中国人之中：附传教士工作特征概略、事件及在华前景》（*Life among the Chinese, with Characteristic Sketches and Incidents of Missionary Operations and Prospects in China*），同上，第 237-238 页。

室和 16 间睡房。每间睡房可住 2 个男生。睡房之中有一个房间用作储藏和衣物间，一间为学校老师宿舍，还有一间给我的老师用，其余的归 26 个男生使用。过去的 1858 年，我招 4 位新生入学，其中两位已经离校，1 个因学习跟不上，1 个因行为不端。现有学生 14 人。”[40]另据美以美会传教士麦利和回忆：“……在美以美会的允许之下，福州传教区将教育的兴趣聚焦到咸丰六年（1856）11 月 26 日组建的寄宿学校。……教会决定授权基顺弟兄开办男校，成为将来学术研究的基础，地址在买下来的旗昌洋行（Russell & Co.）屋子里，该地也将用于建立一所女校和神学院。房子很宽敞，木结构，是由未接受过西方建筑风格教育的中国工匠建造的西式房屋之一。”[41]寄宿义塾不仅为当地提供初级教育，也为美以美会在此基础之上创办神学校提供生源保障。但是，由于缺乏足够的传教士教员，以及义塾办学并未达到预期的传教目标，同治八年（1869 年）12 月 30 日，美以美会决定关闭该校，转而致力于开办培养传道人才的神学养成所（Training School）。[42]

美以美会福州地区早期男童日学即外塾中外老师合影。第一排居中传教士为孟存慈博士、柯兰荪（Cranston）会督。[43]

40 [美]麦利和（Robert Samuel Maclay）：《生活在中国人之中：附传教士工作特征概略、事件及在华前景》（*Life among the Chinese, with Characteristic Sketches and Incidents of Missionary Operations and Prospects in China*），同上，第 240 页。

41 [美]麦利和（Robert Samuel Maclay）：《生活在中国人之中：附传教士工作特征概略、事件及在华前景》（*Life among the Chinese, with Characteristic Sketches and Incidents of Missionary Operations and Prospects in China*），同上，第 231 页。

42 [美]力维韬（W. N. Lacy）：《卫理公会在华百年史》（*A Hundred Years of China Methodism*），同上，第 142 页。

43 [美]赫斯特（John Fletcher Hurst）：《美以美会史》（*The History of Methodism*），New York: Eaton & Mains，1902 年，第 467 页。

基顺开办的男童义塾校园示意图[44]

基顺，出生于纽约的莫伊拉（Moira, New York），19 岁加入美以美会；1850 年代初，入读狄金森学院，1854 年（咸丰四年）获道学博士学位，不久被授予圣职；咸丰五年（1855 年）4 月 3 日，偕妻基伊丽（Eliza Chamberlain Gibson，1830-1916 年）从纽约港乘船来华，驻福州南台岛仓前山。隔年，他与麦利和等建立真神堂和天安堂，同时创办义塾——福州培元书院及保灵福音书院之基础。[45]咸丰十年（1860 年），他与万为等人成立美以美会福州循环，在仓前山天安堂召开第一次循环季会议，并筹组第一届年议会。同治三年（1864 年），基顺转驻延平开拓，遭当地人强烈反对；隔年初，因妻子健康状况不佳，携眷离榕返美。基顺回美后在旧金山华侨中布道。1866 年（同治五年），基顺所译之榕腔大字新约圣经《新约串珠》和《西国算学》在福州美华书局出版，开通西学入榕之先河。[46]回美国后，基顺著有《唐人在金山》（*The Chinese in America*）[47]等书，另编译有汉英字典和粤腔《新约圣经》。[48]

44 [美]麦利和（Robert Samuel Maclay）：《生活在中国人之中：附传教士工作特征概略、事件及在华前景》（*Life among the Chinese, with Characteristic Sketches and Incidents of Missionary Operations and Prospects in China*），同上，第 233 页。

45 林显芳：《福州美以美年会史》，同上，第 53 页。

46 林显芳：《福州美以美年会史》，同上，第 53-54 页。

47 Cincinnati: Hitchcock & Walden，1877 年。

48 参见《基顺》，刊于“维基百科”网站：https://zh.wikipedia.org/wiki/基顺，最后修订于 2019 年 2 月 14 日（星期四）11：00，引用日期：2022 年 3 月 12 日。

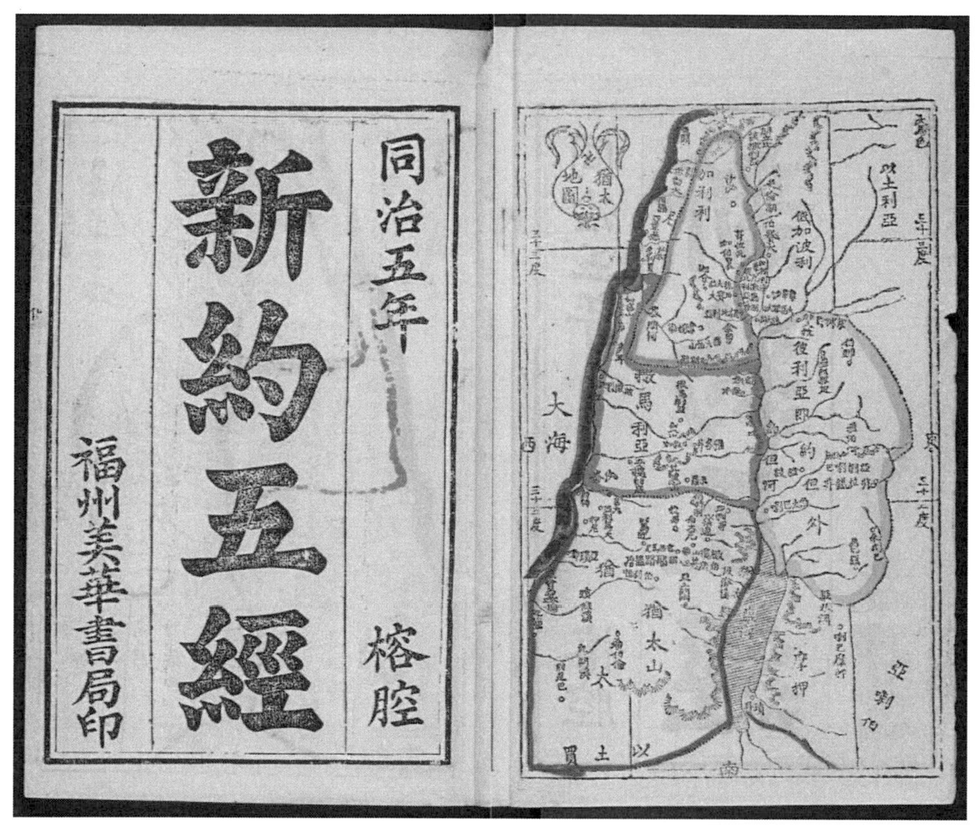

基顺与麦利和、摩嘉立、夏察理合译的福州土白即榕腔《新约五经》（同治五年，1866 年），扉页以及正文前彩色插图。哈佛燕京图书馆藏。“新约五经”即新约前五卷。每章开头都有该章的概要。

自同治三年（1864 年）开始，保灵继任基顺在福州的工作。美以美会教育传教士保灵（Stephen Livingstone Baldwin），原名“司提反（又译“士提反”）· 列文斯顿 · 鲍德温”，被誉为“中国美以美会的圣司提反”（The St. Stephen of Chinese Methodism），[49]出生于新泽西的萨摩维尔（又译“纽遮耳的西邦”，Somerville, New Jersey），早年毕业于波士顿康科得圣经学院（Concord Biblical Institute，今波士顿大学），先后在美以美会纽瓦克区年议会（Newark Conference）和新英格兰区年议会（New England Conference）担任牧师。1858 年（咸丰八年）9 月 8 日，保灵结婚，婚后不久于 10 月 4 日偕妻保高海伦（Helen M. Gorham Baldwin，1839-1861 年）来华布道兴学，抵上海，翌年 3

49 [美]柏锡福（James Whitford Bashford）：《中国与美以美会》（*China and Methodism*），同上，第 53 页。

月 19 日转驻福州。1860 年（咸丰十年）12 月因妻病返美，发妻于 1861 年（咸丰十一年）3 月 16 日午夜病逝于船上，年仅 22 岁。1862 年（同治元年），保灵携继配保叶斯帖（Esther E. Jerman Baldwin，1840-1910 年）再度来华，仍驻福州，继万为主理美华书局（又称“美华印局”，Foochow Methodist Episcopal Mission Press），担任监督；后因工作繁重辞监督职，同治五年（1866 年）与麦利和、刘海澜等人在天安堂牧会。同治七年（1868 年）5 月，保灵在福州创办英文刊物《教务杂志》（*The Chinese Recorder and Missionary Journal*），隔年正式发行，担任该刊总编辑直到光绪八年（1882 年）因病携妻退休回美。该杂志是美国传教士在近代中国所创办的一份英文刊物。其前身为美国传教士裴来尔（L. N. Wheeler，1839-1893 年）于同治六年（1867 年）1 月在福州创办的《传教士记录》（全称为：*Missionary Recorder: A Repository of Intelligence form Eastern Missions, and a Medium of General Information*）。保灵接手后，将这份具有宗派背景的杂志改成一份跨宗派的时事通讯，并更名为《教务杂志》[50]。这份期刊后来成为了解新教差会在华活动的重要文献。同治九年（1870 年），保灵回美；同治十一年（1872 年）回福州，同年秋，保灵聘请黄乃裳专理天安堂文案，从事文字工作。黄乃裳后来与保灵夫人一起发布“革除缠足论”五篇，散发于闽江上下游，反对妇女缠足陋习。保灵接替麦利和出任福州差会监督。光绪三年（1877 年），福州年议会正式成立，辖区为福州府、延平府、兴化府及永春州等闽中地区，共有 6 个连环即教区。保灵是最早倡导中国教会经济自给的传教士之一。光绪八年（1882 年），保灵因病退休回美。此后他先后在新泽西和纽约两州多个教会担任牧师。他于 1889 年（光绪十五年）担任美以美会海外传教会（Methodist Episcopal Foreign Missionary Society）干事职务。1897 年（光绪二十三年），他携妻来闽，参加福州美以美会五十周年即禧年会，前往各地布道，并至日本、朝鲜讲道。1900 年（光绪二十六年），保灵在纽约帮助筹办世界传教大会，并在大会上被选为荣誉干事。[51]

50 同治十三年（1874 年）1 月，该刊在停刊两年后于上海复刊；民国四年（1915 年），英文名更改为“*The Chinese Record*”，同时以中文期刊名《教务杂志》以双刊名形式出版。这是中国史学界通称为《教务杂志》之由来。民国三十年（1941 年），因太平洋战争爆发，《教务杂志》停刊。

51 林显芳：《福州美以美年会史》，同上，第 64-65 页，此处记述保灵于“1892 年”去世，显然为编辑错误。李亚丁：《保灵》，刊于“典华”网站：https://bdcconline.net/zh-hans/stories/bao-ling，引用日期：2022 年 3 月 4 日。

第四节　保灵福音书院

保灵福音书院（1872-1912 年）

福州培元书院（1872-1929 年）

保灵福音书院（1872-1889 年）
薛承恩：1875 年
大书院（1889-1891 年）
保灵福音书院（1891-1898 年）
？：1891-1893 年
华雅各：1893-1897 年
李承恩：1897-1898 年
沈雅各：1898 年代理
大书院（1901-1904 年）
沈雅各：总主理，1901-1904 年
武林吉：保灵福音书院主理，1902-1904 年
保灵福音书院（1904-1912 年）
沈雅各：1904-1905 年
萌为廉：1906-1912 年

同治十一年（1872 年），美以美会来华传教士武林吉建议美以美福州年议会，将美会学塾和男童学塾分别提升为“保灵福音书院”（The S. L. Baldwin School of Theology）与“福州培元书院”，分别为内塾、外塾。因保灵对教会之功勋显著，故神学校以之为名。[52]保灵福音书院的英文校名也称为“圣经书院”（Biblical Institute）。保灵福音书院是美以美会福州年议会正式开办的专门以培养华人神职人员为办学目的的神学校，初由传教士薛承恩（Nathan Sites, 1831-1895 年）主持。[53]自同治十一年（1872 年）至宣统元年（1909 年），在此 38 年中，保灵福音书院共有毕业生 111 人，均经福州年议会与兴化年议会认可外出传道。[54]由于保灵福音书院早期档案资料受损，至今关于该校具体

52 林显芳：《福州美以美年会史》，同上，第 64 页。
53 林键：《近代福州基督教神学教育事工的创始与发展》（The Initiation and Development of the Christianity Theory Education Work in Fuzhou at Modern Age），同上，第 239 页。
54 《福建协和道学院历史》，同上，参见第 6 页。

校址、早期主理即校长、教员、教学、日常活动等信息不详，因此本书对早期办学情况仅通过主要人物生平而简要叙及。根据上文所述，咸丰元年（1851年）之后，美以美会以仓前山为活动中心，我们可以确认美会学塾和男童学塾以及其后升格的保灵福音书院与福州培元书院均位于此处。

美以美会牧师、道学博士保灵，被誉为“中国美以美会的圣司提反”。[55]

武林吉[56]

保灵福音书院及福州培元书院的倡导人是美以美会传教士武林吉。武林吉，号迪庵，也是一位教育家、报刊家，先祖为德国人，出生于俄亥俄（又译“欧亥欧”）州桑达斯基郡（Sandusky County）的福莱蒙特（Fremont）附近，就读于庇里亚（Berea）的德裔华莱士学院（German-Wallace College）即今鲍德温-华莱士学院（Baldwin-Wallace College）。1870 年（同治九年），武林吉与李承恩（Nathan J. Plumb，1843-1898 年）牧师前往福州。由于他认为教育是给中国人传教的上上之策，因此他致力于在华开办文教事业。来闽两年后，同治十一年（1872 年），武林吉建议并在原办学基础之上创办保灵福音书院及福

55 [美]赫斯特（John Fletcher Hurst）：《美以美会史》（*The History of Methodism*），同上，第 462 页。

56 林显芳：《福州美以美年会史》，同上，第 63 页。

州培元书院。又两年，同治十三年（1874 年），在福清薛港会议上，武林吉建议并创办福州地区最早的中文报刊《郇山使者》（*Zion's Herald*）月刊，聘请黄乃裳主其事，后合并入上海美南监理会的《兴华报》（*Chinese Christian Advocate*）；光绪三年（1877 年），经印度、埃及、巴勒斯坦、欧洲回美；次年回榕，经母会准许立福州年议会，迅即母会派遣怀礼（又译“怀理”，I. W. Wiley，1825-1884 年）会督至闽开会。此为中国美以美会年议会之发端。光绪六年（1880 年）春，武林吉倡议并创办鹤龄英华书院，掌院 3 年。光绪十一年（1885 年），武林吉回美。光绪十三年（1887 年），由于与同事发生冲突，武林吉被调往朝鲜的汉城，继续致力于兴学办报，建立武林吉书局（The Trilingual Press），为朝鲜半岛第一家新教刊行英文、中文、朝鲜文（今也称“韩文”）书籍的出版机构。1893 年（光绪十九年），他的两个孩子病世于朝鲜，武林吉夫妇回美。1895 年（光绪二十一年），武林吉作为自养传教士前往福建兴化，开办孤儿院；光绪二十三年（1897 年），重新加入美以美会，光绪二十八年（1902 年）在他创办的保灵福音书院担任主理；1903 年（光绪二十九年），创办《书林月旦报》，每三个月出版一期，以“扬名贤达著述，俾传道诸君知一切书报以何种为要，以何种为缓，不致误购误读，费有用之钱，兼弃有用之时。”[57]光绪三十年（1904 年），他当选为总议会代议士，同年秋转驻上海，而妻子居住在日内瓦。在沪期间，他与林乐知（Andrew Young John William Allen，1836-1907 年）共同主办报刊，翻译书籍，同时监理福建教务。光绪三十三年（1907 年），武林吉因妻子患病携全家返美；次年武林吉又返回福州。宣统二年（1910 年），榕城建立国立高等学校，武林吉受聘担任英文、德文讲席，同时翻译修改福州三公会通用诗歌，前往监狱布道，倡议建立基督复生纪念会、唱诗联合会等。宣统三年（1911 年），因患严重疾病，他被迫返美，后在美去世。[58]武林吉出版的著述包括：《圣经喻解》一卷；《纲例阐详》；《柏特造物论》一卷；《丁大理传》一卷；《传道之法》一卷；《牧师之法》一卷；《罗马宗教激战史》八卷；《青年入世之方针》一卷；《保罗尼肉之

57　《新报发轫》，刊于《中西教会报》，第八卷第 89 期，1903 年，第 15 页。

58　参见《武林吉牧师家族档案》（Franklin Ohlinger [Reverend] Family）：刊于“美国海斯总统图书馆&博物馆”（Rutherford B. Hayes Presidential Library & Museums）网站：https://www.rbhayes.org/collection-items/gilded-age-collections/ohlinger-franklin-family/?__cf_chl_f_tk=CKnKzs_h3oMyo6997He_oE_gmzBobuncVrujck1QwoE-1646827586-0-gaNycGzNB6U，引用日期：2022 年 3 月 10 日。

比较》一卷；《天演学正诠》一卷。另外他的遗著有：《慰书》；《砭学》；《弥兵论》。武林吉在《华美教保》、《万国公报》、《中西教会报》等期刊发表多篇文章。[59]

晚年薛承恩及其签名[60]

薛承恩夫人[61]

光绪元年（1875 年）担任保灵福音书院主理的薛承恩（Nathan Sites, 1831-1895 年），毕业于俄亥俄卫斯理大学（Ohio Wesleyan University），咸丰十一年（1861 年）9 月 19 日携妻薛撒拉（Sarah Moore Sites，1838-1912 年）驻福州[62]，住在福州郊区距离福州城卅里的小村庄牛坑小礼拜堂，注重与本地人的交往，在闽北传教卅多年。开馆授徒的儒生谢锡恩成为他们的助手，之后受洗，成为闽北教会史上重要的华人教会领袖，被称为“中国的保罗”。同治十三年（1874 年），因孩子归国求学，薛承恩携家人回美。光绪元年（1875 年），薛承恩携妻回榕，担任布道司，总理教会兼主理保灵福音书院与福州培元书院，担任圣经教员。黄乃裳受薛承恩启发而受洗。鹤龄英华书院建筑学舍，薛承恩

59 林显芳：《福州美以美年会史》，同上，第 62-63 页。

60 [美]薛撒拉（Sarah Moore Sites）：《薛承恩传：东方时代》（*Nathan Sites: an Epic of the East*），同上，正文前插图。

61 林显芳：《福州美以美年会史》，同上，正文前插图，未标页码，按照顺序，第 11 页。

62 [英]伟烈亚力（Alexander Wylie，1815-1887 年）：《基督教新教传教士在华名录》（*Memorials of Protestant Missionaries To the Chinese*），同上，第 320 页。

倾囊相助，将自己积蓄全部捐出，而自己在日常生活上节衣缩食。光绪五年（1879 年），薛承恩转驻延平府；光绪九年（1883 年），第二次回美，次年返闽；光绪十四年（1888 年），与谢锡恩被推举为总议会使者，第三次回国，参加总议会，次年返华，总理海壇闽清教务；光绪二十一年（1895 年），在福州病故，[63]葬于洋墓亭，时英美法俄德各国领事署均下降半旗志哀。[64]黄乃裳协助薛承恩中译《圣经图说》、《天文图说》、《卫斯理传》等书。民国元年（1912 年），遗孀为亡夫撰写的《薛承恩传：东方时代》[65]出版，同年去世。

自光绪十五年（1889 年），直至光绪三十年（1904 年），保灵福音书院与以本土基督徒张鹤龄（Diong Ahok）命名的鹤龄英华书院之间处于分分合合的状态。是年，两校合为大书院，故有总主理、正主理之分。光绪十七年（1891 年）9 月，福州年议会将两校复行分开，取消大书院之名目。光绪十六年（1890 年）10 月，福州年议会暂停举行，改为光绪十七年（1891 年）正月举行，复议按照前例遵循；9 月举行年议会，因此该年举行两次年议会。[66]光绪二十一年（1895 年）福州年议会上，保灵福音书院主理华雅各（James Harvey Worley, 1854-1914 年）提交的报告说："本年度有 25 位新生入学，达到办学史上最大规模，其中 9 位要被任命为牧师-教师（pastor-teacher）。采纳这种计划是为了给每位学生一年的试验期，在求学中可以教学或布道。这种计划运行效果不错。这给学生带来无价的经验，也给我们带来更好的机会，可以评判他们的能力，而不论是否进一步训练他们。待任命的学生大多数在本年度工作不错。在暑假，有 20 多位学生待任命，其中大多数的学生开展新的工作，或在乡村布道，我们最近在这些乡村建立了男童外塾。……去年冬天，我们遇到大有恩典的复兴，学生都大大蒙福。……"[67]

---

63 林显芳：《福州美以美年会史》，同上，第 61-63 页。

64 李淑仁：《福州卫理公会天安堂简史（1856-1935）》，收录于政协福州市仓山区文史资料委员会编：《仓山文史》，第 6 辑，政协福州市仓山区文史资料委员会，内部资料，1991 年 10 月，第 81-88 页，特别参见第 82-83 页。

65 [美]薛撒拉（Sarah Moore Sites）：《薛承恩传：东方时代》（*Nathan Sites: an Epic of the East*），同上。另外还著有[美]薛撒拉（Sarah Moore Sites）：《医学博士許金訇》（*Hü King Eng, M. D.*），Boston: Publication Office, Woman's Foreign Missionary Society, Methodist Episcopal Church，1912 年。

66 《福建协和道学院历史》，同上，第 7 页。

67 *Official Minutes of the Nineteenth Session of the Foochow Conference of the Methodist Episcopal Church Hold at Foochow, November, 19th, 1895*, Foochow: Methodist Publishing Press，1895 年，第 64-65 页，特别参见第 64 页。

光绪二十二年末（1897 年初），华雅各回国，福州保灵福音书院主理由李承恩接任，之前李承恩在保灵福音书院执教廿年。光绪二十四年（1898 年）夏，李承恩去世，教会公推沈雅各（James Simester，1871-1905 年）代理。[68] 光绪二十四年（1898 年）9 月，福州年议会决定保灵福音书院暂时停办，后因义和团运动爆发，复校延迟 1 年半，学校内书籍以及文件资料均为虫毁。光绪二十七年（1901 年）2 月，保灵福音书院重新开办。沈雅各担任主理，兼主鹤龄英华书院，将之与保灵福音书院合为大书院，复有总主理、正主理之分。沈雅各在鹤龄英华书院内设立道学班。光绪三十年（1904 年），会督高智（又译"高智约翰"，John W. Gowdy，1869-1963 年）出任鹤龄英华书院主理，将之与保灵福音书院重新分开。[69]

综上所述，光绪十七年（1891 年）至光绪二十四年（1898 年），先后担任保灵福音书院主理的至少有如上 3 位教育传教士：华雅各：1893-1897 年；李承恩：1897-1898 年；沈雅各：1898 年代理。光绪二十七年（1901 年），保灵福音书院重新开办并合并为大书院期间，由沈雅各任总主理 4 年。在此期间，光绪二十八年（1902 年），武林吉在他创办的保灵福音书院担任主理。光绪三十年（1904 年），保灵福音书院再次独立办学，沈雅各担任主理，高智则出任鹤龄英华书院主理。下文按照出任保灵英华书院主理之先后顺序简要介绍他们的生平事迹。

华雅各，字文皆，出生于美国伊利诺伊州弗米利恩郡的奥克伍德（Oakwood, Vermilion County, Illinois），1880 年（光绪六年）毕业于内布拉斯加大学（University of Nebraska）拉丁学校（Latin School），是该大学最早的一批毕业生之一。华雅各的妻子华费伊（Imogene Laura Field Worley，1856-1940 年）系塔博尔学院（Tabor College）毕业生（1871-1872 年）。1880 年（光绪六年）9 月 28 日，他们在内布拉斯加州兰卡斯特郡的林肯（Lincoln, Lancaster County, Nebraska）结婚。1882 年（光绪八年），华雅各夫妇受美以美会派遣来华，驻九江，2 年后即光绪十年（1884 年）调入福州年议会，主要在福州、义序（今福州市仓山区南台岛南端盖山镇境内）、古田等地传教。在闽期间，华雅各担任保灵福音书院校长 4 年（1893-1897 年），又担任教授 1 年；担任闽清布道司 2 年，又担任连环司 1 年，在福州及古田担任布道司各 6 年；担任福州英语会堂主

68 《福建协和道学院历史》，同上，第 7 页。
69 《福建协和道学院历史》，同上，第 7 页。

任、延平布道司各 1 年；担任福清布道司 4 年。[70]光绪十九年（1893 年）9 月，华雅各在《教务杂志》发表《福州及其近郊概况》（Foochow and Vicinity）一文，描述基督教与福州地方文化的相遇的情况。[71]光绪二十三年（1897 年）华雅各和孟存慈（George S. Miner，1853-1931 年）[72]至义序传教和办学，先租一间民房为布道所，建立义序教会，[73]同年华雅各回美；民国二年（1913 年），携全家返华；民国三年（1914 年）6 月 21 日，在鼓岭去世，先后在华工作 32 年。[74]

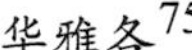

华雅各[75]

李承恩[76]

接华雅各任保灵福音书院主理的李承恩，出生于俄亥俄州，3 岁父卒，少入小学读书 3 载即入中学；中学毕业后，适逢美国南北战争爆发，入列戎行，在部队传道，被称为“布道童子”；内战结束之后，入读俄亥俄卫斯理大学（又译“斯理大学院”，Ohio Wesleyan University）；1870 年（同治九年），受

70 林显芳：《福州美以美年会史》，同上，第 66 页。

71 吴巍巍：《西方传教士与晚清福建社会文化》，北京：海洋出版社，2011 年 10 月第 1 版，第 314 页。

72 关于孟存慈的简历，参见林显芳：《福州美以美年会史》，同上，第 67 页。

73 《人文盖山魅力乡村》编纂委员会编：《人文盖山　魅力乡村》，福州：海峡文艺出版社，2016 年 10 月第 1 版，第 240 页。

74 参见《华雅各》（James Harvey Worley，1854-1914），刊于“维基家谱”（Wikitree）网站：https://www.wikitree.com/wiki/Worley-2954，引用日期：2022 年 3 月 13 日。

75 林显芳：《福州美以美年会史》，同上，第 66 页。

76 林显芳：《福州美以美年会史》，同上，第 65 页。

回美的金斯理会督选拔，与武林吉一同航海来华，驻福州。此时榕城仅有 5 位传教士。自同治十年（1871 年），李承恩出任福州美华书局主理，担任此职廿年（1871-1891 年），兼布道司、连环司，另外兼任保灵福音书院教习廿五年（1871-1896 年）。来华不久，李承恩与华茱莉（Julia F. Walling，1847-1907 年）结婚。同治十三年（1874 年），华茱莉等在福州创办榕腔画刊《小孩月报》（*Child's Paper*）。光绪七年（1881 年），李承恩任福州年议会兴化布道使（Evangelist，即传道人）和永春布道使；光绪八年（1882 年），与兴化连环司许承美、本土牧师陈天霖发起，在城内开办妇学，交给美以美会女布道会管理，此即后来的滋益女道学校（Juliet Turner Women's Bible Training School）的发端。光绪二十三年（1897 年），李承恩接任保灵福音书院主理，主持《闽省会报》；[77]次年在福州去世，安葬于洋墓亭。李承恩编著有《新约圣经便览》（1893 年）。其女李素琳（Florence J. Plumb，1879-1967 年）出生于福州，为美以美会女布道会寓闽教育传教士，在华传教 47 年。[78]

李素琳[79]

77 林显芳：《福州美以美年会史》，同上，第 65 页，记述李承恩于“1899 年”去世，本书从之。

78 拉库爷爷的博客：《李承恩》，刊于“新浪博客”网站：http://blog.sina.com.cn/s/blog_44a823a80102yt27.html，发布日期：2020-03-18 08:12:14，引用日期：2022 年 3 月 7 日。

79 《李素琳》（Florence Julia Plumb），刊于“寻墓”（Find a Grave）网站：https://www.findagrave.com/memorial/125266590/florence-julia-plumb，引用日期：2022 年 3 月 10 日。

继任李承恩代理保灵福音书院主理的沈雅各出生于英格兰斯塔福德郡的亨廷顿（Huntington, Staffordshire），1893 年（光绪十九年）获鲍德温大学（Baldwin University，今鲍德温-华莱士大学，Baldwin Wallace University）文学士学位，1901 年（光绪二十七年）获文学硕士学位，1904 年（光绪三十年）获道学博士学位；1896 年（光绪二十二年）获德鲁神学院（Drew Theological Seminary）道学学士学位，入年议会。1896 年（光绪二十二年）8 月 6 日，他在新泽西州麦迪逊（Madison, New Jersey）与麦薇妮（Winifred Smack，1875-1952 年）结婚，9 月 27 日抵达福州，任教于福州鹤龄英华书院（1896-1899 年），教授英文课程，任代主理（1899-1901 年），兼长福州培元书院，施美志（George Blood Smyth，1854-1911 年）回国后，任主理（1901-1904 年），兼任大书院总主理，后接受柏锡福（又译“柏赐福”、“柏思福”、“贝施福”，Bishop J. W. Bashford，1849-1919 年）[80]会督派遣担任保灵福音书院主理（1904-1905 年），兼理福州布道工作。他还担任美以美会论坛教导部（Educational Department of the Methodist Forum）编辑（1902-1903 年）、福州年议会《主日学文学》（*Sunday-school Literature*）编辑（1899-1903 年）。光绪三十一年（1905 年），沈雅各在福州去世，年仅 34 岁，安葬于洋墓亭。[81]他的遗孀和 4 名子女回美。[82]沈雅各被列为鲍德温-华莱士大学 32 位杰出校友之一。[83]

80 柏锡福，先后就读于威斯康辛州大学和波士顿神学院，获神学博士学位，曾任俄亥俄卫斯理大学校长。1904 年美以美会本部确定中国为会督常驻区，柏锡福自告奋勇以新任会督身份来华驻区主持工作，携妻柏珍妮（Jane M. Field Bashford, 1852-1924 年）经福州转驻上海，交涉各地方赔偿、重建教堂和重派传教士诸事，积极倡导在华新教各会联合办学。1908 年，柏锡福转驻北京。1918 年，柏锡福携眷离京回国。柏锡福编著有《中国与美以美会》（*China and Methodism*）（1906 年）、《中国述论》（*China: An Interpretation*）（1916 年）、《入华百年纪念文献集》（*China Centennial Documents*）（1907 年）、《柏锡福督华日记（1905-1918）》（*James Whitford Bashford Diaries*，1905-1918）及《上帝的世界宣教计划》（*God's Missionary Plan for the World*）（1907 年）、《圣经允许女人讲道吗？》（*Does the Bible Allow Women to Preach?*）（1879 年）、《卫斯理与歌德》（*Wesley and Goethe*）（1903 年）、《妇女选举权圣经》（*The Bible for Woman Suffrage*）（1889 年）、《俄勒冈差会：美加之间连线如何运行的故事》（*The Oregon Missions: the Story of How the Line was Run between Canada and the United States*）（1918 年）、《呼求基督：柏锡福演讲和布道集》（*The Demand for Christ: Addresses and Sermons*）（1920 年）等书。

81 林显芳：《福州美以美年会史》，同上，第 69 页。

82 参见《沈雅各》（James Simester），刊于“超级飞跃”（hyper leap）网站：https://hyperleap.com/topic/James_Simester，引用日期：2022 年 3 月 10 日。

83 《鲍德温-华莱士大学 32 位杰出校友》（32 Notable alumni of Baldwin Wallace

沈雅各[84]

至光绪三十年（1904 年），沈雅各在去世前一年提交给福州年议会的报告中提及当时独立办学的保灵福音书院的实际状况。当时书院“师资缺乏。武林吉回美，高智主理校务，工作忠心耿耿。学校有学生 32 人。此为学校自 1900 年重新开办以来人数最多的一次。去年无人毕业。来年元月 7 人一个班的学生可期完成学业。我们深信此校是我们差会工作中最重要的部分，但是若不能得到更好的供应，则难以成事。我们现在最需要 1 座新建筑，以及新的师资力量。就这座新建筑，我们已经筹集到一部分资金，我们期待来年可以筹到余下所需的 3,000 美元。除了高智、监学 Uong De Gi 牧师，在此教学的还有：包（Bosworth）师姑、胡（Hu）牧师、Diong Ting Lai 先生、1 位驻院长老。古代汉语及官话继续分别由 Lau Pieng Sang 先生、Uong Ging Ca 先生授课。学校尚需至少 1 位传教士，以及 2 位训练良好的本地教师。他们要全时间在此工作。我们的学校才会运转良好。”[85]

University），刊于“教育排名”（Education Rank）网站：https://edurank.org/uni/baldwin-wallace-university/alumni/，引用日期：2022 年 3 月 12 日。

84 林显芳：《福州美以美年会史》，同上，第 69 页。

85 *Official Minutes of the Twenty-eighth Session of the Foochow Conference of the Methodist Episcopal Church Hold at Ngu-cheng October 26-31, 1904, Shanghai and* Foochow: Methodist Publishing House in China，1904 年，第 65 页。

高智会督[86]

光绪三十年（1904 年）将大书院一分为二的高智，于民国十九年（1930 年）11 月 16 日在美以美会兴化年议会上按立宋尚节（John Sung，1901-1944 年）为副牧（Deacon）。高智出生于苏格兰的格拉斯哥，1893 年（光绪十九年）毕业于美国新罕布什尔州提尔顿（Tilton, New Hampshire）的提尔顿神学院（The Tilton Seminary），1897 年（光绪二十三年）获康涅狄格州米德尔敦（Middletown, Connecticut）卫斯理大学（Wesleyan University）文学士学位。1897-1899 年（光绪二十三-二十五年）高智任教于新罕布什尔州提尔顿学校（The Tilton School），之后入读德鲁神学院，1902 年（光绪二十八年）毕业，获道学学士学位。美以美会新罕布什尔年议会按立他为牧师。1909 年（宣统元年），贝克大学（Baker University）授予他荣誉道学博士学位。1914 年（民国三年），俄亥俄卫斯理大学也授予他荣誉道学博士学位。1915 年（民国四年），他获得哥伦比亚大学文学硕士学位。1902 年（光绪二十八年）7 月 1 日，高智与 1898 年（光绪二十四年）毕业于卫斯理大学的陀伊利（Elizabeth Thomspon，1874-1965 年）结婚；同年，高智夫妇受美以美会差遣，前往中国，驻福州，任教于鹤龄英华书院（1902-1904 年），也在福州天安堂任职。光绪三十年

86 林显芳：《福州美以美年会史》，同上，正文前插图，未标页码，按照顺序，第 1 页。

（1904 年），高智担任鹤龄英华书院校长（1904-1923 年）。光绪三十二年（1906 年），鹤龄英华书院发生福州第一次罢课事件，反对高智的演讲。民国十二年（1923 年），福建协和大学首任校长庄才伟（Edwin Chester Jones，1880-1924 年）因病辞职回国就医，高智辞去时名鹤龄英华中学校长职务，接任福建协和大学第二任校长（1923-1927 年）。民国十六年（1927 年），为向南京民国政府立案，高智辞校长职，中国籍校长林景润（1897-1946 年）接任，高智回鹤龄英华中学教书（1927-1930 年）。高智担任鹤龄英华中学、福州协和师范学校以及新罕布什尔州提尔顿学校董事。民国十九年（1930 年），在美以美会东亚区中央大会（The Central Conference of East Asia）上，高智被选为会督（1930-1941 年）。他参加民国二十一年（1932 年）、民国二十五年（1936 年）美以美会大会，民国二十八年（1939 年）合并大会，以及民国二十九年（1940 年）、民国三十三年（1944 年）联合卫理公会大会。民国三十年（1941 年），高智退休。[87]高陀伊利一直随夫从事英语教学活动，先后在鹤龄英华书院（1902-1903 年）、福建协和大学（1923-1927 年）、鹤龄英华中学（1929-1930 年）教书，与人合编英文教材，广受欢迎。[88]

光绪三十一年（1905 年）保灵福音书院主理沈雅各逝世。光绪三十二年（1906 年）9 月，福州年议会决定由萌为廉（又译“萌惠廉”，William Artyn Main，1867-1946 年）继任主理。萌为廉任职 7 年，直至保灵福音书院被合并入福建协和道学院。[89]历任监学的有：许播美、谢锡恩、许承美、许则翰（1862-1920 年）、黄治基（1866-1928 年）、陈文畴。[90]从咸丰二年（1852 年）创办至民国元年（1912 年）福州三公会联合成立“福建协和道学院”，美以美会开办 60 年的神学校，经美会学塾至保灵福音书院并入福建协和道学院乃告终

87 参见《高智》，刊于“维基百科”网站：https://zh.wikipedia.org/wiki/%E9%AB%98%E6%99%BA，最后修订于 2021 年 5 月 28 日（星期五）14：07，引用日期：2022 年 3 月 12 日。

88 俄亥俄卫斯理大学 2003 年届毕业生卢约翰（Johanna Russ）：《高智及其夫人：俄亥俄卫斯理大学 1897 届、1898 届毕业生》（John and Elizabeth Thompson Gowdy, Class of 1897 and Class of 1898），资料来源于俄亥俄卫斯理大学的“美国在华基督教大学计划”（The American Context of China’s Christian Colleges project），刊于“耶鲁大学神学院”网站：https://divinity-adhoc.libraryyale.edu/chinacollegesproject/wesleyan/bios/gowdy. html，引用日期：2022 年 3 月 10 日。

89 《福建协和道学院历史》，同上，第 7 页。

90 林显芳：《福州美以美年会史》，同上，第 25 页。

止。[91]在 60 年中，根据不完全统计，先后长校的有：基顺，保灵，薛承恩，华雅各，李承恩，沈雅各，武林吉，萌为廉。[92]他们都是来华传教士。但是本地基督徒在办学过程中也发挥不可或缺的作用。他们担任监学，相当于副校长或教务主任，肩负着日常校务管理工作，辅助传教士开展神学教育活动。但是，比较而言，学术界对他们的研究更为少见。前文已略述许播美、许承美的生平，下文依次对另外 4 位监学的行迹略做介绍。

美以美会第一位中国籍牧师、俄亥俄卫斯理大学道学博士谢锡恩[93]

谢锡恩，字秉圭，号莲峰居士、卧云山人、悟真子，被怀礼誉为“中国差会的圣雅各”（St. James of China Mission），[94]世居福州侯官城北卅里的叶洋村即外莲峰村，自幼从师读国学经书，应府县试，皆名列前茅，16 岁时母病逝，为减轻家庭负担而辍学，在邻乡设学塾；道光二十九年（1849 年），24 岁时由驻牛坑堂的薛承恩牧师施洗，随之在各乡传道，后由牛坑堂授予劝士证书[95]，被

91 林显芳：《福州美以美年会史》，同上，第 25 页。
92 林显芳：《福州美以美年会史》，同上，第 25 页。
93 [美]赫斯特（John Fletcher Hurst）：《美以美会史》（*The History of Methodism*），同上，第 465 页。
94 [美]赫斯特（John Fletcher Hurst）：《美以美会史》（*The History of Methodism*），同上，第 465 页。
95 关于“劝士”（exhorter）的推举与职责，福州美华书局刊印的《美以美会纲例》规定：“劝士须得其本属，或本循环之属长会吏会保举，牧师为执照签押以给之。

派往闽清，担任传道 1 年，次年调入福州东街福音堂担任传道 3 载；同治五年（1866 年）秋起，调任主理福清循环 3 年；同治八年（1869 年），受金斯理会督按立为执事即“副牧”，并于同日晚擢长牧即牧师，成为美以美会第一位本土牧师；同治十年（1871 年），任福清连环，次年调任福州，主理天安堂循环，10 月与保灵被派任主理福州连环；同治十三年（1874 年），改派主理兴化连环；光绪五年（1879 年），改派主理福州连环兼茶亭真神堂循环；光绪九年（1883 年）秋，改调主理延平（今南平）连环。光绪十二年（1886 年）福州年议会公举他为第一位本土牧师代表，赴美参加总议会，抵达美国后为维护在美华工权利而得到总统克利夫兰（Grover Cleveland，1837-1908 年）接见，美国俄亥俄卫斯理大学授予他道学博士学位；回国后，光绪十四年（1888 年）冬，福州年议会委派他担任保灵福音书院监学，光绪十七年（1891 年）兼任保灵福音书院教授（1891-1895 年），兼任《闽省会报》（*Fuh-kien Christian Advocate*）总编辑（1891-1895 年）。光绪二十三年（1897 年），谢锡恩去世，美国领事馆为之下半旗。其著述主要包括：《宣道日程》、《救灵十要》、《戒烟诗》、《编赞美诗》（共 75 首）、《苏氏养正》、《使美日记》，以及神学教育教科书《惟尔言我为谁》（《耶稣是谁论》）、《圣经中的比喻》等。[96]

劝士之分，遇有机宜，当遵牧师派理祈祷会，及劝慰之礼拜。其本连环会议，并本循环季会议，均须到会，并具单报明所行职事，其品行则每年一次，受季会议查稽。主理季会议者，当取其原给执照，再为划押给之。”（《美以美会纲例》，卷四第二章，福州美华书局活板，1895 年，第 70 页。）根据美以美会 1903 年的记录，凡入“劝士”者，应考《救主神迹》（*Miracles of Our Lord*）、《教会例文论总条例》（*The General Rules*）、《依经问答》（*The Shorter Catechism*）、罗马字母书等。考试通过后，有 4 年试用期，每年均须参加一次考试，主要内容是：圣经知识、《天路历程》（*Pilgrim's Progress*）、《地理初阶》（*Pilcher's Primary Geography*）等，才能转为正式的“劝士”。（《合众会记录》，上海：美华书局，1903 年，第 34-35 页。）由此可见，“劝士”是教会聘用的传道人，负责协助牧师的日常工作，但非正式神职人员。年议会传道，又称出门传道（Travelling Preacher），是全职神职人员，并“有决定献全身作此工夫”（《美以美会纲例》，卷四第二章，福州美华书局活板，1895 年，第 45 页）。转引自吴巍巍：《宗族、乡邻与基层信众——近代福建基督教华人牧师的人际网络关系初探》，刊于《福建师范大学学报（哲学社会科学版）》，2016 年第 2 期（总第 197 期），第 151-159、166 页，特别参见第 154 页注释 1。

96 林显芳：《福州美以美年会史》，同上，第 25 页。另外参见陈林：《近代福建基督教图书出版考略》，北京：海洋出版社，2006 年 11 月第 1 版，第 84-84 页。陈小勇：《本土牧师谢锡恩传：以儒术阐二约圣经》，收录于《基督教学术》第二十四辑，上海：三联书店，2020 年 12 月第 1 版，第 342-358 页。

民国九年（1920 年）3 月 24 日，许则翰逝世，享年 58 岁，其父即上文所述的许扬美牧师。[97]同年，《兴华》报第 17 卷第 17 期刊登《许则翰牧师行状》，为我们提供一份较为详细的许则翰行传。全文照录如下：[98]

> 公讳则翰。号周之。美以美福州年议会老牧师之一也。公父讳扬美。为中华美以美会最先立之牧师。公兄弟二人。公居长。幼承庭训。质敏而凝重过人。年九岁便从乃父赴乡邻说教。十六入培元书院肄业。逾岁升进福音书院。三载卒业。时英华书院方创设。公尝从游焉。西历千八七十九年。即清光绪五年。为茶亭真神堂传道。逾三载。迁任天安堂循环佐理。千八八十四年升任城内东街福音堂循环司者三载。嗣以年议会推广内地布道。特派公赴闽清六都并茶口循环任。千八九十一年。改任兴化天道堂主理。明年兼任福音培元两书院监学。相继四载。后回省任福州道学院监学职。逾四载。升任福清司牧。时迫教之风方炽。信徒辄被侮辱。公力主和平。与邑宰善为处理。了结讼事。不知凡几。翌年召赴天安堂循环司。于会务多所振作。千九有六年。升任福州连环司。六载任满。召任小岭堂牧职。旋膺闽清连环司职者。又六年。旧冬年议会。公举为赴美总议会正代表。兼任省会连环。百周纪念会奋兴使。相继任教会要职。四十馀年。朝夕慎勤。寒暑无间。山川跋涉。间关踣顿。犯霜露。戒虎狼。饥体冻肤而不恤。此次进京赴共和议会。恒至夜半而后就寝。途次往还。冒风雪。都无倦态。盖其心时刻与神相感。见其乐而不见其忧也。是故居恒接晤亲友。语次辄引经证理。孜孜以促进教会事业为职志。盖欲以拯救同胞者救国。所谓兴教会。即所以兴中国之意也。公秉性仁慈。好周贫困。而恤孤寡。宗族戚党之蒙其惠者。类能缕述之。闻亲友病辄走视。且与之谈道代祷焉。凡社会慈善之事。尤所乐为。若闽台之孤儿院。福州之青年会。公皆在发起人之列。清光绪之季。尝主榕城赈济局。及保婴局事。而对于劝禁溺女。尤异常出力。先后蒙前闽浙总督题奖。恩周保赤。幼及人幼。功垂保赤。诸匾额。是亦公好善之一征也。公从少好医术。凡中西灵验药方。视同拱璧。采辑累巨帙。又复参考医家言。

97　参见林显芳：《福州美以美年会史》，同上，第 86-87 页。

98　《许则翰牧师行状》，刊于《兴华》，第 17 卷第 17 期，1920 年，第 12-15 页。

日久渐得其理。中岁而后。常为人戒烟。并疗病。概弗受资。晚年医理益精。到处拯疾苦。为人处方多验。求诊者日多。而公则不厌烦剧。均乐为诊治焉。初公父之进教会任教牧也。实因于悟道后。见人心之迷昧。风俗之浇漓。心殊悯恻。故毅然以挽救人心为己任。公素敦孝道。至此益钦父德。抱定救人救国之宗旨。敝屣利名。专心传道。以继先人之志。其事亲也敬顺孝养。惟恐不及。初未尝偶拂亲心。公父母暮年多疾病。沉绵床褥者两三载。公则问医调药。敬谨将护。阅累寒暑。毫无怠容。时公之子女。年幼好嬉游。公婉谕以理。未尝加以厉色恶声。而儿辈咸服。弥增亲爱。为子孝。为父慈。公实有焉。八年来公子世芳长吴淞海军医院。以公年老。羁身会职。不得迎养。引为憾事。尝屡恳公致职。就儿辈居。而公辄以会务綦重为辞。尝数次到沪。作数旬游。与世芳语。多及教会国家。而私事鲜有所及。夜未就寝。先集家人作晚祷。尝语元芳云。方今国势阽危。人心迷昧已极。欲救国。须从匡正人心做起。方是根本办法。予为传道。实志在救国也。尔兄弟服务国家。已历十有馀载。望尔辈认定宗旨。忠勤服务。毋或违逆上帝。辜负国家。丁兹国家多事。正基督徒舍身救国之时。唤醒同胞。各把天良发见。作道德上之改良。不徒尚武功讲霸术。谓可图长治久安之策也。所训大都类是。此次晋京大会。同行诸君。率皆教会表表人物。沿途舟车谈次。公辄以振兴教会为勉。并随时领众祈祷。公弟郁臣。与公尤为亲谂。故其知之也亦深。语元芳云。汝父热心会政。可谓至矣。廿馀年来。予与共事。知无日不以救人灵。兴天国为怀。其待人也。蔼如春风。温如冬日。无老幼少长。咸乐观之。平生实心宣道。阅世之深。尤非常人之所能及也。此次在京议会时。徐大总统接见吾会诸代表。汝父之心。尤喜悦。以为民国官民。今已醒悟基督教救世能力之足贵。天国临格。此其时矣。予本届赉使命赴美总议会。当如何为吾国发言。为吾国教会画策。如恤老院之倡设。养老费之请增。予必提议。为我中华基督教造福也。云云。公往岁因过劳。曾得心弱疾。月来道途奔走。体渐中虚。比返沪时。元芳见公神气顿减。力请就淞暂憩。静养数星期。而后赴美。乃不逾旬日。公以闽中会务交接未妥。坚欲返省一视。元芳恳留不获。讵料公于二十一日午刻甫抵家。午后即走谒亲友。是夜忙将各手续清理。次日复往戚家视疾。旁晚回家惫甚。不及宽衣。即登榻卧。谓家人云。予顷甚惫。胸际大不舒服。盖不自觉流行瘁症之侵入也。是夕寒热交作。家人殊惕虑。然犹未知其遽尔见背也。翌晨遣介延公兄子安来诊。嗣复延慕江英美两名医。而公妹基督教医院院长。闻信亦归家商诊。细察病状。系染流行瘁症。转为肺炎。年老患此。恐难施治。连日由诸医会商诊。视所进皆良剂。奈病笃。药石不足为功。比世芳闻电驰归。脉息已呈险象。初三初四两日。脉象微有起色。初四晚十句钟后。热度忽又增高。脉率紧急。势已垂危。延至初五。即阳历三月廿四日晨刻八点十分钟。公神宇忽清。脸带笑容。若至亲久别相逢。不自胜其喜者。顷间气促。倏尔微舒。一举手而安然逝矣。呜呼痛哉。公生子四人。女四人。长世芳海军军医主监。现任吴淞海军医院院长。兼任海军总司令公署军医课课长。次世和。海军军医少监。吴淞海军医院医官。现留学美国。三世铭。前肄业北洋医学堂。卒业之岁。适值奉省百斯笃疫起。奉委驻哈尔滨防疫。卒于差次。四世箴。北京清华学校毕业。留学美国普伦斯敦大学。并哥仑比亚大学卒业。得法律硕士学位。现仍续习商律专科。长女端圭。美国哥仑比亚大学毕业。前充北洋高等女学校。并女子师范学校教员。女子法政学校校长。次女贞圭。现在北京协和女医学校肄业。三女祥圭。福州华南女中学卒业。季女瑞圭。华南肄业生。卒之日。内外亲友。咸哀恸失声。至邻里佣工。罔不同声悼惜。

黄治基，字尧臣，世称艾庵先生，南洋诗巫人，出生于福清江阴镇北郭村。父名夏莲，号孟渠，母陈氏，均为基督徒。黄治基幼受庭训奉教；少年时得到名儒教导，打下良好的中文基础，先入福州培元书院，20 岁入读保灵福音书院；光绪十四年（1888 年），从保灵福音书院卒业后，入美以美会福州年议会，被授牧师一职，即由福州年议会派出，担任闽清县闽清六都并茶口牧区主任两年和闽清二都台鼎牧区主任两年。居梅溪时，他与诸名流结为文社，以文会友，如是数年，文名大震。光绪十八年（1892 年），黄治基改任福州培元书院教授；翌年，转为福州毓英女校教授；越二年，升任福州大安堂主任兼保灵福音书院教授。光绪二十三年（1897 年），他筹款 10,000 银元重建天安堂。[99]光绪二十五年（1899年），黄治基改任福建美以美会主办的《华美报》主笔，兼保灵福音书院教授；三年后，擢任福音书院监学兼主报政；光绪三十一年（1905年）调上海，担任《华美教报》记者兼该报的主监理；光绪三十三年（1907年），调回福清融美学校，任监学兼毓贞女校教授；民国元年（1912年），被选为福州美以美会赴美国环球总议会代表；逾年归国，被授为福州年议会九连环福音使，就任新建立的福建协和道学院主讲，兼任尚友堂讲演员。时福清创设进群社，请他遥领其事。翌年，黄治基卸去福建教会职务，赴南洋经营实业，谋求教会自立，制定《基督教实业公司章程》。但黄治基的实业活动失败，之后初居泗水，主办《泗滨日报》，继就任新加坡培青学校校长，兼代理诗巫（又译“诗诬”）基督教学校校长，担任国文教授，后任新福州诗巫埠牧师。民国三年（1914年），日本强占胶州湾（胶澳），中日绝交。黄治基通过《泗滨日报》号召抵制日货，得到侨胞的热烈响应，因荷兰政府干涉，被驱出境。1928年（民国十七年）4月19日，黄治基逝世，终年62岁，葬于新加坡。

黄治基[100]

99 林显芳：《福州美以美年会史》，同上，第91-93页。另外参见政协福州市仓山区文史资料委员会编：《仓山文史》，第6辑，政协福州市仓山区文史资料委员会，内部资料，1991年10月，第84页。

100 林显芳：《福州美以美年会史》，同上，第91页。

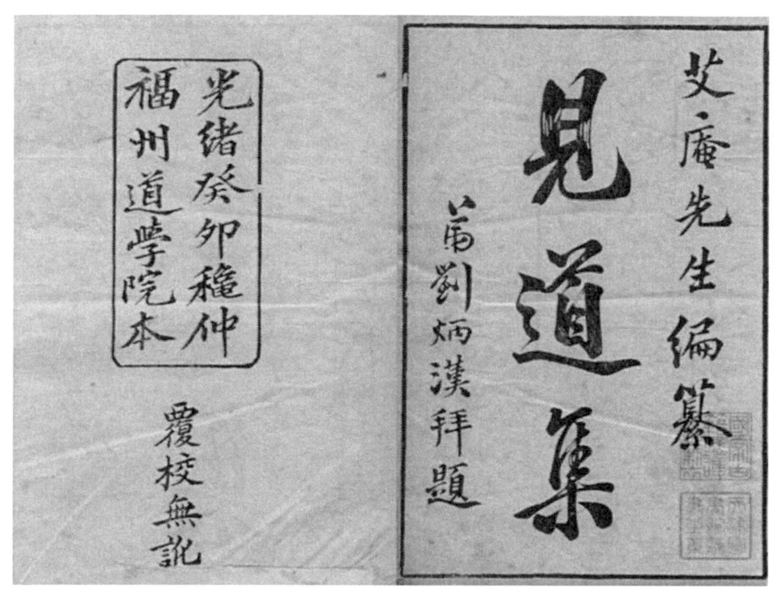

《见道集》封面，福州道学院刻本，1903 年。中国国家图书馆收藏。

黄治基辅助武林吉、美以美会教育传教士柯志仁（Harry Russell Caldwell, 1876-1970 年）等翻译西书，著译包括：《有道集》、《罗马宗教激战史》、《教会例文》、《许牧师信效录》、《传道之法》、《牧师之法》、《柏特造物论》、《天演学正诠》（与武林吉合译）、《艾庵杂记》、《艾庵忏悔录》、《沙罗越国史》、《克林便雅怜轶事》、《青年人世之方针》、《卫生浅说》、《现行纲例》、《相灵编》；个人独立著述有《耶墨衡论》（1912 年）和《见道集》两部，[101]均刊行问世。晚年他依旧勤于写作，著有宗教哲学并经学著作多种，正待付梓，不幸诗巫遭灾，殃及他家，其著作与存书尽付一炬。[102]

陈文畴，字洪九，古田县二保村人。妻子王世秀是清末状元王仁堪（1850-1896 年）的孙女、华南女子文理学院校长王世静（1897-1983 年）的姐姐，从华南女子文理学院毕业后留学美国。陈文畴少年时随母闻道于叶英官牧师，入读保灵福音书院，毕业后被选为福州年议会正牧，受派遣主理古田前洋循环 1 年，屏南村头循环、路下循环各 2 年，福州福音堂若干年，后被擢升为闽清连环司，转任福州连环司，从事布道工作约 10 年；又担任古田毓馨女校监学 6 年、闽清天儒学校监学 6 年、福州保灵福音书院监学 8 年、福建协和道学院

101 陈林：《近代福建基督教图书出版考略》，同上，第 116-117 页。

102 严生明主编，严曦副主编：《江阴宗教史》，福清《江阴宗教史》编委会编印，内部资料，年代不详，第 66 页。

监学 3 年，先后从事教育工作 23 年。在福州期间，他曾与地方绅士组织桥南公益社，后成为闽中起义的根据地。陈文畴终年 55 岁。其所生二子二女，均留学美国，学有所成。[103]长子陈芝美（1896-1972 年）毕业于康奈尔大学（Cornell University），为著名的基督徒教育家。下文会详细介绍陈芝美的履历。

陈文畴[104]

保灵福音书院地址，最初附设于鹤龄英华书院及美华书局楼上。光绪三十二年（1906 年）萌为廉继任院长之时，始于福州仓前山鹤龄路购地，在前日本领事馆隔壁，建 1 座 3 层洋楼为该院院址，即今仓山区爱国路 15 号。该楼下层为讲堂，上两层为宿舍。[105]民国元年（1912 年），福州三公会成立“福建协和道学院”，地址即设于保灵福音书院内。

同治十三年（1874 年），保灵福音书院入读学生 11 人；光绪五年（1879 年），有在校生 15 人，同年将学制延长为 4 年。[106]入学资格或由培元书院毕业，或小学毕业，或由连环、循环举荐青年劝士即传道人入学。课余学生被派

103 《中华基督教卫理公会百周纪念册（1847-1947）》，1948 年，第 136 页；林显芳：《福州美以美年会史》，同上，第 85-86 页。此两处小传内容相同。

104 林显芳：《福州美以美年会史》，同上，第 85 页。

105 林显芳：《福州美以美年会史》，同上，第 73-75 页。

106 [美]Ellsworth C. Carlson：《福州美以美会传教士（1847-1880 年）》（*The Foochow Missionary, 1847-1880*），同上，第 85 页。

往附近牧区的堂会或布道所，实地练习传道工作。另外，入读学生中也有肄业 2 年，先派各教区试用一、二年后，再进学校学习 4 年功课。[107]至民国元年（1912 年），前后毕业的学生有 200 余人。[108]举凡美以美会的福州年议会、延平年议会以及兴化（莆田）年议会的会员，几乎半数以上出自该院。[109]光绪二十九年（1903 年）《鹤龄英华书院章程》有关自设“道学班”的规定强调办学宗旨为：“大旨乃为教人考究《圣经》要道，与教会来历规矩，及传道之法，牧师之工，应读五年。”章程在肄业部分规定其课程内容如下：“第一年班：旧约考义、新约考义、纲例、古教参考、近思录、格物探源、罗马开化沿革史；第二年班：旧约考义、新约考义、《圣经》要道、格物探源、传道之法、性理诸子选读、教会史等等。”[110]光绪二十九年（1903 年），鹤龄英华书院与保灵福音书院合为大书院。由此可知，光绪三十二年（1906 年）萌为廉主理保灵福音书院，制定《保灵福音书院章程》等学校章程。[111]其课程内容大致相仿。

保灵福音书院初期 4 位毕业生合影[112]

107 林显芳：《福州美以美年会史》，同上，第 25 页。
108 仓山区地方志编纂委员会：《仓山区志》，同上，第 459 页。
109 林显芳：《福州美以美年会史》，同上，第 25 页。
110 林键：《近代福州基督教神学教育事工的创始与发展》(The Initiation and Development of the Christianity Theory Education Work in Fuzhou at Modern Age)，同上，第 241 页。
111 林键：《近代福州基督教神学教育事工的创始与发展》(The Initiation and Development of the Christianity Theory Education Work in Fuzhou at Modern Age)，同上，第 241 页。
112 丁先诚总编辑：《中华基督教卫理公会百周纪念册（1847-1947）》，同上，第 17 页。

保灵福音书院初期毕业生有：李光苕（Li Guong Sieu）、明朗（Ming Long）、丁大樑（Ding Dai Liong，1864-？年）、程玉聚（Tiang Nguk Ceu）。[113]丁大樑的父亲丁逢源为美以美会早期信徒。丁大樑出生于同治三年（1864年），从保灵福音书院毕业后成长为美以美会著名的中国籍牧师，在福州东街福音堂担任副理，主理是许播美；另外担任福州培元书院监学4年，其子丁先诚为著名的美以美会牧师，积极参加辛亥革命。[114]

保灵福音书院为福建本地培养出一批杰出的教牧人才。仅仅从天安堂牧师名录中就不难看出，保灵福音书院对于美以美会在华地方教会具有举足轻重的作用：

> 方鲍参，泉州人，1879年福音书院毕业，任天安堂副理，1881年擢任永春连环司、福清江镜循环司等，1917年请归老年班，就养于南洋。
>
> 叶英官，福建闽侯人，为基顺译方言字典兼任真神堂宣教事。任天安堂循环五年，晚年退养仓前山，犹赴孤儿院授圣经课。
>
> ……
>
> 许则周，福州茶亭人，1897年入福音书院，1903年进年议会为试用传道，1907年按立为长牧，历任天安堂牧师等职，后任尚友堂教务主任，1917年为福州教区主任。
>
> 阮树棠，古田邹洋人，入美会师范学校肄业，又转入福音书院，毕业后考进年议会，晋职长牧，旋擢升福州天安堂主任。
>
> 程玉聚，毕业于福音书院，1889年受圣职，历任古田县螺蜂、岭南牧区主任、福州天安堂牧区主任。
>
> 陈鸿沂，闽侯县人，毕业于福音书院，1906年任天安堂副牧三年。
>
> 丁为梁，古田县人，1909年毕业于福音书院，次年任甘蔗永生堂牧区主任，旋调任天安堂牧区副理。[115]

宣统三年（1911年）福州年议会上，也即福建协和道学院成立前，保灵福音书院的报告记述："去年有40位学生入读本校。入学人数较前几年要少，

113 丁先诚总编辑：《中华基督教卫理公会百周纪念册（1847-1947）》，同上，第17页。

114 谢德优：《丁先诚》，收录于海峡两岸和平统一促进会编：《辛亥革命与福州》，福州：海潮摄影艺术出版社，2011年8月第1版，第391页。

115 李淑仁：《福州卫理公会天安堂简史（1856-1935）》，同上，第83-85页。

主要原因是入学要求提高，标准更高。办学设施得到极大改观……。我们非常高兴地汇报，本年度工作进展顺序，未受打扰，只有 2、3 天时间，福州受到革命党人的炮轰。……去年夏天福州三公会在牯岭（鼓岭，Kuliang）举行会议，建立委员会，制定计划，据此三公会可以合作建立神学院。……"[116]由此可见，福州三公会各自独立开办神学教育事业的时代即将结束，联合办学的时代来临。

叶英官[117]

第五节　兴化福音书院

兴化福音书院（1892-1914 年）

兴化道学校（1914-1933 年）

光绪十八年（1892 年），福州年议会、兴化年议会尚未分立，后者隶属于前者。但是，保灵福音书院分设于福州与兴化两处。福州福音书院主理由华雅

116 *Official Minutes of the Thirty-fifth Session of the Foochow Annual Conference of the Methodist Episcopal Church Hold at Foochow, China December, 6-11th, 1911*, Shanghai and Foochow: Methodist Publishing House，1911 年，第 62-63 页，特别参见第 63 页。

117 林显芳：《福州美以美年会史》，同上，正文前插图，未标页码，按照顺序，第 12 页。

各担任。兴化福音书院（Hingwha Biblical School），由蒲鲁士（William Nesbitt Brewster，1862-1916 年）担任主理。两地的福音书院各自向福州年议会述职，两校的学生名数归入福州年议会总报单之中。光绪二十二年（1896 年），福州年议会与兴化年议会分立。[118]两处福音书院各归所属，福州年议会所记录学生数不将兴化福音书院学生数计算在内，[119]就办学情况而言，福州母校为盛。兴化福音书院最初租赁莆田城内坊巷街民房为校舍，开设“圣经”、“圣教要道”、“国文”等课程。学校首批招收学生 12 人，其中包括李可祯、陈日恩。光绪十九年（1893 年），福州年议会派遣许则翰牧师担任监院。光绪二十二年（1896 年），兴化年议会建立，许则翰回榕，由杨德粮任副院长，教员包括宋学连、陈日新、武林吉等。光绪二十八年（1902 年），学校得到美国总会拨款，在城厢井头购地，兴建教室及宿舍。在此担任校长的先后有：蒲鲁士，武林吉、佳尔逊等传教士，副校长通常由莆田本地牧师担任，其中包括陈日新、唐进嘉、宋学连等。学校前期教员均为基督徒，其中包括：蒲星氏、陈炳麟、林鸿万、张福基、杨天发等。后期学校为加强牧师的综合素质，招揽非基督徒担任教员，其中有陈义孙孝廉、何竹斋痒生及陈玉枯柯、宋江景宏等诸名士。创办初期，学生除须熟练使用兴化音罗马字为基本要求外，对学生整体素质不作太高要求。学生大多由各牧区推荐前来读书，来自当地热心的属长、劝士或地方传道，年龄不一，学历不一，求学年限不一。[120]民国三年（1914 年），兴化福音书院改称“兴化道学校”，民国二十二年（1933 年）并入福建协和道学院。[121]

随着学校不断正规化，入学资格日趋严格。光绪三十三年（1907 年）佳尔逊担任校长，学校规定学生入学条件为 8 年制高小毕业生，同时开一个优级正科班，专收旧制中学毕业生，又为一部分慕道的非教会子弟的公立中学生开设一个预科班，先培养他们成为基督徒，然后进入优级正科。民国八年（1919 年），道学校规定入学资格为：年龄一般限制在 17-25 岁之间，入学前文化程度必须是劝士及高等小学以上毕业，或未读高等小学惟程度与之相等者，同时

118 陈绍勋：《莆田市基督教大教堂及其宗教活动》，收录于中国人民政治协商会议福建省莆田市委员会文史资料研究委员会：《莆田市文史资料》，第 5 辑，内部资料，1990 年 6 月，第 103-106 页，特别参见第 103 页。

119 《福建协和道学院历史》，同上，第 7 页。

120 余雅卿：《兴化美以美会文教事业之研究》，福建师范大学硕士学位论文，2010 年，第 31-32 页。

121 莆田市教育委员会编：《莆田市教育志》，刘荣玉、姚志平主编，北京：方志出版社，2000 年 3 月第 1 版，第 203 页。

要求学生入学报名时要出示证明自己水平的劝士执照或高等小学以上毕业文凭，以及连环司、循环司及循环议会之荐书，父兄并女人保约的约字，学生还要参加入学考试。兴化道学校课程与福州福音书院基本一致，设有“教牧学”、“教会史”、“神学”、“释经学”等课程，另外根据本地实际情况增设课程。光绪三十三年（1907 年）兴化福音书院设“经学”、“道学”、“历史”、“天文”、“地理”、“算学”、“国文”、“国语”、“教会”、“政治”、“乐歌”、“体操”、“演说”等 12 门课程。宣统元年（1908 年）学校的学科与教员包括：张福基教授“释经学”与“教会历史”，黄展美教授“释经学”与“基督教青年会”，吴景芳教授“西方思潮”，吴云樵教授“中国语言对话”，林仁铁教授“中国文学与历史”，林云德教授“体操”。光绪三十一年（1905 年）6 月，学校设劝学联会，其宗旨在于激励传道、奋志勤学、慎身谨教。规程分四科：德行，察其品性；言语，试其说经；政事，视其工作；文学，考其学识。分别试验，列等弟。学生除每周一至周五在校上课学习规定课程外，还利用课余时间开展各种自身修养锻炼活动，包括奔赴各指定牧区堂，配合传道，周日组织主日学，主领礼拜等。[122]

蒲鲁士夫妇[123]

122 余雅卿：《兴化美以美会文教事业之研究》，同上，第 32 页。
123 图片取自“加拿大宣道会高贵林国语教会”（Coquitlam Mandarin Church of The

兴化福音书院的宗旨是训练本地教牧人员。光绪三十四年（1908 年）在校生达 56 人，成绩优秀者被选派到福建协和道学院、上海基督教青年会、美国俄亥俄卫斯理大学深造，作为学校的后备师资。民国九年（1920 年），兴化本地传道人中有十分之九来自此校。[124]因此，兴化福音书院也为当地教会人才培养作出重要的贡献。

SṲ̄.

Cạ̤ seóh bôi^{n} Lọ̤-mâ-cī ē Sing-Gū-iọ̤h Sing-ging, n̄g-sī guâ-gải beông-sing iú ngẹ́ng-meóng huang-ih ē, iā n̄g-sī guâ-gải beông-sing iú Ing-meóng huang-ih ē; chậu^{n} cạ̤ ciộ̤ duā ē gọ̤ng-díng, guâ beoh-cî beó-dang-dng ceỏ, iā sih-cāi kang-kang kụ̤ cạ̤ lọ̤-kô. Ing Hing-huả ē dạ̤-họ̤ng, Si-bỏ-dọ̤ cīng cậu, gang-hu cīng ộ̤ng, beó-dang-dng cẹ̤ng-cẹ̤ng pải gûi gạ̤ náng ceỏ tọ̤h-seō, súi-sí lậ̤u-lî cạ̤ seō, guâ ing-cheô nọ̤ sâi-ẹ̤ng Dẹ̤ng-gọ̤h Háng-meóng Sing-ging dọ̤-ng, dải heô léng dải sing, dải tọ̤ng-ẹ̤ng ē, cuh sī seóh ūi Bî-gọ̤h Ang-lih-gang-hōi ē Họ̄i-dọ̤h Si Iọ̤h-hāng sệ̤ huang-ih ē. Bí-dộ̤h guâ beông-sing ū ciọ̤ng cạ̤ huang-ih ē ceh-cīng, cệ̤^{n}-cẹ̤́^{n} gau keoh gûi gạ̤ bôi^{n}-dạ̤ ū hảh-meōng ē tảh-cụ̤-náng. Cạ̤ gûi gạ̤ náng, deo ū cīng-i ē lih-liọ̤̄ng, ceỏ gảu ching-chệ̤, î-hậ̤u guâ tạ̤h seóh bôi^{n} dải sing dải heô ē Ing-meóng Sing-ging, gah huang-ih ē seo-dủi, seh-seô nọ̤ n̄g-sī duā beoh-deh-î ē ūi-chụ̤, guâ iā n̄g-gộ̤^{n} iọ̤^{n} cạ̤ i-seỏ.

Beoh-dộ̤h guâ beông-sing, cuh nọ̤ tọ̤ng Hing-huả Gi-Dọ̤h-gảu ē náng, deo dạ̤úh hiọ̤ng cạ̤ seóh bang bang-cẹ̤̄ huang-ih ē náng há^{n}-siā, cuh sī: Nạ̤ geong Họ̤́ng-māng, Déng geong Ging-sing, Ạ̤ú^{n} geong Sậ̤u-heong, Déng geong Cô-ing. Cạ̤ gûi ūi Seng-sa^{n} dụ̤ā cheoh-lih ceỏ, beó hiáng lọ̤-kô. Leōng cạ̤ gang-bu kẹ̤h-diâng ē ūi-chụ̤, guâ beông-sing ging-gah bî beh náng họ̤h-ạ̤ līng-sīng. Bí-dộ̤h guâ ạ̤ sẻng, cạ̤ seóh hói piā^{n} î-sạ̤^{n} sệ̤ huang-ih ē ạ̤ heô chủi sạ̤. Leōng ing ē gang-hu, piā^{n} î-sạ̤^{n} buh géng-géng ạ̤ heô; cạ̤ sī ing cụ̤-gẹ̤h ē cộ̤ng-bāng Lî geong Diọ̤́ng-ọ̤̄ng léng ing-cụ̤ ē náng ū cīng sạ̤-cī ing.

Bî-gọ̤h Sing-ging-hōi bẻh-céng ū cheoh duā bôi^{n}-cíng, ing siá^{n} cạ̤ seóh bō Sing-ging, gó-cheô ū cheoh gọ̤-bẻh, cî-lî nọ̤ siu bôi^{n}-cíng ngō heōng ē seóh heōng; sih-sih dạ̤úh gah Bî-gọ̤h Sing-ging-hōi duā há^{n}-siā.

Seh-seô sâi-ẹ̤ng Hing-huả bá^{n}-uā ē Gi-Dọ̤h-dó, ing cạ̤ sệ̤ cheoh ē cụ̤ ạ̤ ga cheoh-lih tảh, léng ga ceong-bíng siû Siọ̤̄ng-Dạ̤ bẻh-sī ē Sing-ging, bing-chiâ^{n} ạ̤ mêng-lạ̤ beh-náng ah-na ceỏ; nọ̤ ū na, guâ seóh bang huang-ih léng ing ē náng cuh ạ̤ deh Siọ̤̄ng-Dạ̤ cīng duā ē siộ̤ng-seỏ.

Bó Lô-seō.

Sẻh-ih góih 20 heō, 1912.

罗马字《旧新约圣经全书》正文第 1 页

Christian and Missionary Alliance in Canada）网站：https://cmchurch.org/2018/10/29/十五、在乡传道（1928-1930 年）/，引用日期：2022 年 3 月 10 日。

124 基督教全国两会主编：《传教运动与中国教会》，北京：宗教文化出版社，2007 年 3 月第 1 版，第 311 页。

主理兴化福音书院的蒲鲁士，字叟堂，出生于俄亥俄州的高地（Highland），从俄亥俄卫斯理大学本科毕业后，入读波士顿大学神学院（Boston University School of Theology），1888 年（光绪十四年）接受按立，随即受美以美会派遣至新加坡；1890 年（光绪十六年），时在民国纪元前二十一年，转驻福建莆仙话地区兴化即今莆田，冬与先期来华的女布道会星以利沙伯（Elizabeth Fisher, 1862-1955 年）[125]结婚。夫妻共同在兴化传教 26 年。隔年，蒲鲁士在兴化发起创办福音书院。光绪十八年（1892 年）2 月 16 日，兴化连环福音书院正式成立，蒲鲁士担任主理，聘请年议会正牧师陈振光为掌席即校长，聘请许则翰为监院。书院第一批招生 12 人。经蒲鲁士循循善诱，学生大沾化雨春风之益，12 位学生后均成为年议会的传道人。[126]与此同时，蒲鲁士开展教育普及活动，在仙游城内分设培元书院。蒲鲁士得华人牧师宋学连（Sia Sek-ong）襄赞，创制兴化音罗马字（又称“罗文”），即莆仙语的教会罗马字——兴化平话字；光绪十九年（1893 年）商诸圣书公会，在兴化府城设罗马字印书局。光绪二十四年（1898 年），其妻蒲星氏创办兴化音罗马字（罗文）月刊《奋兴报》（*The Revivalist*）。光绪二十九年（1903 年），蒲鲁士夫妇回国休假，携带兴化陈紫荔枝及龙眼苗各两株，引种于加州南部，荔枝成活，龙眼失败。1904 年（光绪三十年），蒲鲁士回母校波士顿大学，发表关于在华传教研究的演讲，此即后来出版的《新中国的演化》一书。光绪三十二年（1906 年），兴化罗马字印书局获美国信徒力但士捐助，建 1 座 3 层砖砌洋楼于仓后街，命名为“美兴印书局”（Hinghwa Mission Press of the Methodist Episcopal Mission），增置机器，充实设备，添购汉文铅字，业务日渐发达，出版罗文本《兴化平话旧约圣经》。[127]同年，应美国农业部之请，蒲鲁士回国时运送 89 株兴化陈紫荔枝苗至美，其中引种于同纬度之佛罗里达州的 48 株成活，后得以大面积推广，人称“蒲氏荔枝”，被誉为“果中皇后”。民国元年（1912 年），蒲鲁士与华人牧师林鸿万（Lin Huang-wan）、杨绍勋（Yang Shao-hsun）等合译罗文本《兴

125 [美]薄爱娃（Eva M. Brewster）：《美以美会入华传教士蒲星以利沙伯传（1884-1950）》（*Her Name was Elizabeth: the Life of Elizabeth Fisher Brewster Christian Missionary to China 1884-1950*），Mount Shasta, Ca.: Red Hart Press，2019 年。

126 陈日新编：《福建兴化美以美会蒲公鲁士传》，莆田：美兴印书局活版，1925 年 8 月，该书无页码，笔者计算，正文第 6 页。

127 黄光域：《基督教传行中国纪年（1807-1949）》，桂林：广西师范大学出版社，2017 年 8 月第 1 版，第 298 页。

化平话旧新约圣经全书》，由美兴印书局出版。民国二年（1913 年），蒲鲁士在黄石开办兴华面粉厂；民国四年（1915 年），在莆田创办兴善洋船公司。1913-1914 年（民国二-三年），蒲鲁士担任波士顿大学宣教学教授。1916 年（民国五年），蒲鲁士回到中国，不久病故。1908 年（光绪三十四年），俄亥俄卫斯理大学授予他道学博士学位。遗孀蒲星氏留莆田布道兴学 25 年。他们的三个儿女也成为传教士。至今兴化卫理公会尊他为教会创建人。[128]蒲鲁士勤于写作，著有：

[美]蒲鲁士（William Nesbitt Brewster）：《新中国的演化》（*The Evolution of New China*），Cincinnati: Jennings and Graham，1907 年；

[美]蒲鲁士（William Nesbitt Brewster）：《基督教征服的代价》（*The Cost of Christian Conquest*），Cincinnati: Jennings and Graham; New York: Eaton and Mains，1908 年；

[美]蒲鲁士（William Nesbitt Brewster）：《华南的现代五旬节》（*A Modern Pentecost in South China*），Shanghai: Methodist Pub. House，1909 年；

[美]蒲鲁士（William Nesbitt Brewster）：《来自兴化大丰收的禾捆》（*Straws from the Hinghwa Harvest*），Hinghwa Mission Press，1910 年；

[美]蒲鲁士（William Nesbitt Brewster）：《美以美会人的重任》（*The Methodist Man's Burden*），New York City: Press of the Methodist Book Concern，1913 年。

第六节　美以美会女神学校

懿德道学校（1916-1928 年）

女神学（1928-1935 年）

在福建协和道学院办学过程中，还有一支美以美会女神学校汇聚其中。美

128 参见陈日新编：《福建兴化美以美会蒲公鲁士传》，同上；《蒲鲁士》（William Nesbitt Brewster），刊于“波士顿大学”网站：https://www.bu.edu/sth-history/william-nesbitt-brewster/，引用日期：2022 年 3 月 10 日。另外参见拉库爷爷的博客：《蒲鲁士》，刊于“新浪博客”网站：http://blog.sina.com.cn/s/blog_44a823a80102wuam.html，发布日期：2017-03-04 17:22:46，引用日期：2022 年 3 月 6 日。

以美会的女学始于道光三十年（1850 年）。其时，麦利和夫人在仓前山住宅创办第一所女校，后发展成为毓英女校。[129]驻华美以美会会督柏锡福极为重视女子神学教育事业，于民国五年（1916 年）派韦嘉德师姑（Miss Phobo G. Wells）在福州创办"懿德道学校"。校址初在仓前山土地庙，旋迁聚和里。民国九年（1920 年），道学校在福州仓前山毓英女校对面，建筑新校舍 1 座，规模较前宏大。[130]此即后来的"福建协和神学院"所在地。

女神学校园[131]

民国十七年（1928 年），韦嘉德师姑建议提高办学水平，获得曾担任闽清毓真女子高等小学校长的美乐安师姑（又译"米乐安师姑"，Miss E. D. Miner）[132]的赞助以及各教区女布道的同意，学校改组为"女神学"即"福州女神学院"（Foochow Women's Biblical Institute, Jewell-Huntley Biblical Institute）。改组后，美乐安师姑任校长，继任者有耐辟（又译"耐弼"）师姑（Miss Jane Ellen

129 林显芳：《福州美以美年会史》，同上，第 20 页。

130 林显芳：《福州美以美年会史》，同上，第 27 页。

131 林显芳：《福州美以美年会史》，同上，正文前插图，未标页码，按照顺序，第 5 页。

132 参见刘荻秋：《毓真女子初级中学简史》，收录于中国人民政治协商会议福建省闽清县委员会文史工作组编：《闽清文史资料》，第 4 辑，内部资料，1985 年，第 14-16 页，特别参见第 15 页。

Nevitt）[133]。女神学最初计划分设神学、道学二科。前者招收高级女子中学毕业生，后者学制 3 年，招收初级中学毕业生。但至民国二十五年（1936 年），神科尚未开办。[134]“所有学生多为道学，并少数之特别生而已。”[135]另外，青年妇女未受中等教育，但为堂会女执事，能胜任传道工作，也可入校学习《圣经》及其它课程。[136]女神学的教育程度为高级中学，强调知识学习与信仰有机统一。[137]该校改组为女子神学院后，即开展与“福建美以美会道学院”（时福建协和道学院已解散）合作的计划。开始之时，道学院教师来校义务教学，继后两校教师互相讲授合班的学生。民国二十四年（1935 年），两校职员认为进一步合作能获得更大的效果。女子神学院董事会于是年将女子神学院道学科年限增加 1 年，使与“福建协和道学院”4 年制相等。学制改革标志着两家神学院的同步合并成功。该校 4 届毕业生总计 20 余人。[138]

133 林键：《近代福州基督教神学教育事工的创始与发展》，同上，第 241 页，将耐辟师姑的英文名字拼写为 Miss Jane Eden Nevitt。本书依据美以美会福州年议会（Foochow Conference of the Methodist Episcopal Church）《美以美会福州年议会官方会议记录》（*Official Minutes Foochow Conference of the Methodist Episcopal Church*），Shanghai: Oriental Press，1923 年，第 2 页。
134 林显芳：《福州美以美年会史》，同上，第 27 页。
135 林显芳：《福州美以美年会史》，同上，第 27 页。
136 林显芳：《福州美以美年会史》，同上，第 27 页。
137 林显芳：《福州美以美年会史》，同上，第 27 页。
138 林显芳：《福州美以美年会史》，同上，第 27 页。

第五章　办学基础 1.0 版：大英教会神学校

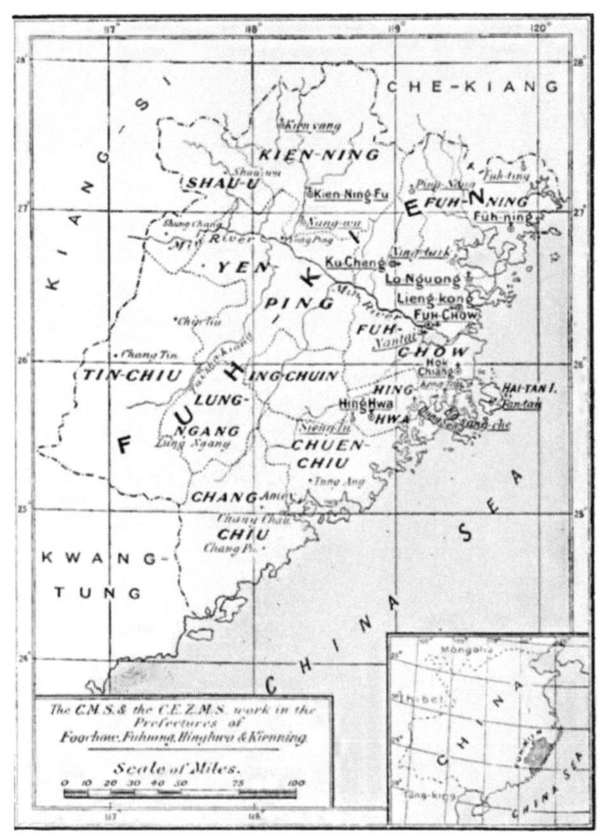

英行教会及英国圣公会女布道会（C. E. Z. M. S.）福建分布图，传教地用下划横线标出。[1]

1 [英]司徒友仁（Eugene Stock，1836-1928 年）、[英]麦克兰（T. McClelland）：《为了基督：大英教会在福建》（*For Christ in Fuh-Kien*），London: Church Missionary Society，1877 年第 1 版，1882 年第 2 版，1890 年第 3 版，由司徒友仁（Eugene

第一节　广学书院

广学书院（1878-1911 年）

福州三一学校（1911-1952 年）

大英教会，早在 1850 年（道光三十年）5 月 31 日派遣威乐顿（又译“温顿”、“魏里董”，William Welton, ? -1857 年）会长及哲克逊（又译“札成”，Rober David Jackson）会长来闽传教，由英国驻福州的领事申请驻福州城内的乌石山，租赁庙宇内一间房屋暂住。[2]此为英国圣公会在闽拓荒之始。在福州三公会中，大英教会比美国公理会（1847 年元月）、美以美会（1847 年 9 月）入八闽首府榕城的时间都晚。

会吏总胡约翰[3]

两年后的咸丰二年（1852 年），哲克逊被分派至上海，[4]威乐顿牧师独自在福州城内从事医务传教工作，特别开展戒烟活动，咸丰四年（1854 年）开办小学堂，为教会义塾，聘请教师，进展顺利，当地儿童颇受教育。咸丰五年

Stock）撰稿，1904 年修订版由麦克兰（T. McClelland）完成，第 3 页。

2 黄仰英（Y. Y. Huang）编著：《饮水思源》（*Streams of Living Water*），同上，第 31-33 页。

3 [英]司徒友仁（Eugene Stock，1836-1928 年）、[英]麦克兰（T. McClelland）：《为了基督：大英教会在福建》（*For Christ in Fuh-Kien*），同上，第 10 页。

4 林金水等著：《福建与中西文化交流史论》，同上，第 139 页，记述为“宁波”。

（1855 年）、七年（1857 年），大英教会分别派遣麦克高（Francis Mc'Caw）会长夫妇及芬理（又译“方理”，Matthew Fearnley）会长夫妇前来协助教务。咸丰六年（1856 年），威乐顿因病回国休养，1857 年（咸丰七年）去世。威乐顿在榕期间，将英文《圣经》中的部分《新约》翻译为福州话，其中包括《马可福音》（1852 年）、《马太福音》（1854 年）、《使徒行传》（1855 年）、《福州平话圣经新约》（*New Testment in Fuchow Dialect*，1856 年出版），并以之为教材。[5]威乐顿去世后不久，麦克高夫人及麦克高先后去世。芬理因妻子生病被迫一同回国。咸丰九年（1859 年），大英教会遂派士密斯（George Smith）会吏前来接任。大英教会在闽北最初 10 年的拓荒工作效果甚微，因此咸丰十年（1860 年）将传教中心北移转向浙江。咸丰十一年（1861 年），医务传教士柯林斯（W. H. Collins）来访，开设药房，行医布道；3 月，两位本地青年即林守谦、林九如受洗；7 月，又有两位本地人即郑保灵[6]、谢守廉领洗，至此大英教会传教工作方有突破性的进展。[7]

大英教会在福州开办神学校缘起于胡约翰（John Richard Wolfe，1834-1915 年）的不懈努力。胡约翰在福建传教长达 53 年（1862-1915 年）之久，长期担任福建圣公会会吏总，被誉为英国圣公会福建教区“开山鼻祖”、“开路先锋”，[8]被当地信徒誉为“福建摩西”[9]。胡约翰出生于爱尔兰，咸丰十一年（1861 年），被按立为会吏；同治元年（1862 年），受大英教会派遣到达福州，与士密斯共同开展传教工作；同治三年（1864 年），被按立为会长；光绪十三年（1887 年），被按立为会吏总。在胡约翰之前，正如上文所述，英国圣公会入福州传教 10 多年，但遇到福州地方士绅激烈反对，租住房屋和发展信徒都颇为困难，直至咸丰十一年（1861 年）才给第一位中国人施洗。胡约翰因获得福州英商捐助，购买到位于南后街、黄巷口的两间凶宅，将之改建为福州乃至东亚第一座英国圣公会教堂——萃贤堂（The All Saints Church）。但

5 林金水等著：《福建与中西文化交流史论》，同上，第 140 页。

6 陈怀祯：《中华圣公会概述》，收录于福建省政协文史资料委员会编：《基督教天主教编》，“文史资料选编”第 5 卷，福州：福建人民出版社，2003 年 1 月第 1 版，第 57-58 页，特别参见第 57 页，记述：“直至 1861 年才有一个名叫郑保灵的受洗入教。”

7 黄仰英（Y. Y. Huang）编著：《饮水思源》（*Streams of Living Water*），同上，第 31-33 页。

8 刘玉苍：《胡约翰与川石岛教案》，收录于福建省政协文史资料委员会编：《基督教天主教编》，同上，第 89-95 页，特别参见第 89 页。

9 林金水等著：《福建与中西文化交流史论》，同上，第 146 页。

是，当地反洋教之风依旧盛行。同治二年（1863 年）10 月，士密斯去世。同治三年（1864 年），萃贤堂被仇教者烧毁，之后胡约翰重建一座哥特式教堂。同年 11 月，克力庇（又译“金亚德”，Arthur William Cribb）牧师受差派前来省垣，教务逐步改观。[10]同治五年（1866 年），胡约翰租借福州城内乌石山道山观文昌宫附近的破屋及余地，建筑校舍，建道学校、男校、小学堂、女学。[11]大英教会乌石山教育集团已具雏形。光绪二年（1876 年）11 月 14 日，史荦伯（Robert Warren Stewart，1850-1895 年）夫妇及罗为霖（Llewelyn Lloyd，1850-1931 年，1876-1919 年在华）夫妇前来增援，分别负责教育即训练教会传道人员、学校教师及外县布道工作。胡约翰计划开办固定的传道养成所，有 6、7 个年轻人准备前来学习，但因经费不足暂时搁置。此为英国圣公会开办神学教育的发端，也即内学——真学书院（Divinity College, The Church Missionary Society College）之由来。光绪四年（1878 年）4 月，胡约翰在乌石山雀舌桥附近动工兴建真学书院校舍，可容纳 40 名学生，另外设教立校，开办广学书院（Boys' Boarding High School），但因当地人的风水问题于 8 月 30 日引发“乌石山教案”，校舍被毁，不得不全体迁址城外的仓前山。[12]乌石山的广学书院属于外学，为初级小学提供师资。[13]民国元年（1912 年），广学书院与圣马可书院（St. Mark's College，1907-1911 年）、榕南二等小学合并为福州“三一学校”（Trinity College, Foochow），即今“福州外国语学校”的前身。[14]光绪十一年（1885 年），大英教会派遣叶慰亨等 3 人前往高丽（今朝鲜、韩国）开教。胡约翰于光绪十三年（1887 年）由包尔腾（John Shaw Burdon，1826-1907 年）主教封立为会吏总，前往高丽，巡视两年前差派中国本土传教士在此开展的教务。因高丽当地教徒不多，次年胡约翰结束在高丽的教务活动，由大英教会改派主教前往主持教务。[15]其代表作是根据他自己的经历撰写

10 黄仰英（Y. Y. Huang）编著：《饮水思源》（*Streams of Living Water*），同上，第 34 页。

11 林金水等著：《福建与中西文化交流史论》，同上，第 149 页。

12 林键：《近代福州基督教神学教育事工的创始与发展（续）》（The Initiation and Development of the Christianity Theory Education Work in Fuzhou at Modern Age），《金陵神学志》（*Nanjing Theological Review*），2012 年 3-4 月，第 92-93 期，第 86-109 页，特别参见第 89 页。

13 福州市教育志编纂委员会编：《福州市教育志 1308-1989》，福州市教育志编纂委员会，内部资料，1995 年 12 月，第 225 页。

14 唐希主编：《福州老照片》，“可爱的福州丛书”之七，厦门：鹭江出版社，1998 年 4 月第 1 版，第 103 页。

15 陈怀桢；《中华圣公会概述》，同上，第 57 页。

的《乌石山审判》[16]。他将《公祷书》、《信徒指南》（*Christian Instructor*）、《要道问答》（*Catechism on the Creed*）等译为福州话，编译《福州教会用赞美诗》，参与“福州话圣经译本”翻译工作（1863-1883 年）。该译本的参与者还包括：美国公理会的摩嘉立、夏察理、弼履仁、吴思明、和约瑟（Joseph E. Walker，1844-1922 年）；美以美会的麦利和、怀德、李承恩；大英教会的温敦（William Welton，1817-1857 年）、罗为霖、卢公明、班为兰（William Banister，1855-1928 年）。[17]

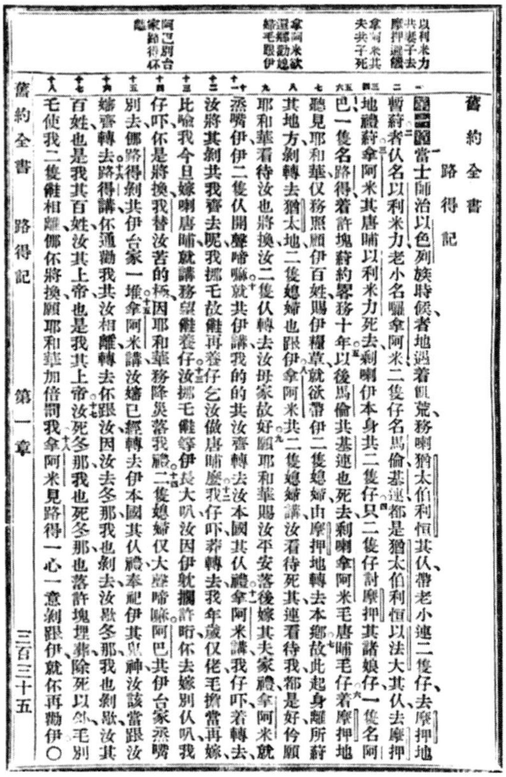

福州土白《新旧约全书》（1901 年）中的《路得记》1：1-18，由摩嘉立、胡约翰、罗为霖、班为兰、李承恩共同修订。

16 该书全名为：《乌石山审判：福州乌石山道山观绅董周长庚等四人诉英国圣公会胡约翰牧师案报告》（*The Wu Shih Shan Trial. Report of the Case of Chow Chang Kung, Lin King Ching, Loo King Fah, Sat Keok Min, Directors of the Taou Shan Kwan Temple, at Wu Shih Shan, Foochow, versus Rev. John R. Wolfe, of the Church of England Missionary Society*），Hongkong: The “Daily Press” Office，1879 年。

17 参见张金红：《胡约翰与福建安立甘会研究 1862-1915》，福建师范大学博士学位论文，2007 年，第 53 页。另外参见蔡锦图：《圣经在中国：附中文圣经历史目录》，香港：道风书社，2018 年初版，第 481-482 页。

在福州开展神学教育工作的转折点发生在光绪六年农历二月二十日（1880年3月30日），因光绪四年（1878年）“乌石山教案”，大英教会不得不从福州城内乌石山东侧迁出，转至福州城外闽江之上的南台岛仓前山。这次迁址活动标志着大英教会将福州传教基地从城内转而固定于城外的仓前山。由胡约翰治理的乌石山真学书院及广学书院也一同迁往仓前山蛇浦（今施埔），今施埔路34号。大英教会在此购地14余亩，筹建真学书院即大英教会神学院（C. M. S. Theological College）——福建协和神学院的三大来源之一。

光绪二十一年（1894年），总会吏胡约翰（后排左四）与本土神职人员合影。[18]

第二节　从传道养成所到真学书院

传道养成所（1876-1878年）

真学书院（1878-1912年，1928-1945年）

上文提及光绪二年（1876年），胡约翰始创传道养成所，规模狭小，尚未建成固定办学场所。光绪五年（1879年），大英教会派遣会长史荦伯专门负责神学教育工作。因当地人反教情绪激烈，胡约翰于福州城内乌石山麓负责建成的新校舍未及一年即被毁坏。史荦伯及胡约翰被迫迁校址于南台岛窑，暂时租

18 [英]司徒友仁（Eugene Stock，1836-1928年）、[英]麦克兰（T. McClelland）：《为了基督：大英教会在福建》（*For Christ in Fuh-Kien*），同上，正文前插图。

借民房用作教室，最终选仓前山的蛇浦山地为永久性校址，获得政府廉价租借资格，重新建造校园。光绪九年（1883 年），校舍告竣，由包尔腾主教主持真学书院落成祝圣典礼，史荦伯赞礼。[19]真学书院位于南台岛洋人区（Foreign Settlement），部分资金来自清政府因反教之民毁坏城区校舍建筑的赔偿金。西式双层主楼楼上为宿舍，楼下为可容纳 200 人的小礼拜堂，用于主日崇拜，另有 2 间教室、厨房、餐厅等，足以容纳 50 名学生，屋外操场可用于学生练习体育之用。[20]

史荦伯夫妇（站立者）[21]

19 《福建协和道学院历史》，刊于《圣公会报》，第 19 卷第 9 期，1926 年，第 6-10 页，特别参见第 6 页。黄仰英（Y. Y. Huang）编著：《饮水思源》（*Streams of Living Water*），同上，第 57 页。

20 [英]司徒友仁（Eugene Stock，1836-1928 年）、[英]麦克兰（T. McClelland）：《为了基督：大英教会在福建》（*For Christ in Fuh-Kien*），同上，第 28 页。黄仰英（Y. Y. Huang）编著：《饮水思源》（*Streams of Living Water*），同上，第 38 页。

21 [英]华玛丽（Mary E. Watson）：《史荦伯夫妇的生与死》（*Robert and Louisa Stewart: in Life and in Death*），同上，正文前插图。

真学书院校舍[22]

包括真学书院校舍在内，大英教会最终建成的是由 6 座大楼及附属楼组成的建筑群，总占地面积约 14 亩，总建筑面积 9,333 平方米。六大建筑的编号为甲、乙、丙、丁、戊、己。建筑群最初名为“真学堂”。英国圣公会将中国五大教区之一福建教区总部设立于此。光绪十五年（1889 年），“真学书院”校舍建成，位于丙楼。光绪三十二年（1906 年），真学书院加入英国圣公会福建教区即后来的中华圣公会福建教区（The Fujian Parish of the Chinese Anglican Church）。民国元年（1912 年），孙中山及夫人宋庆龄来此演讲。建筑设计均为英式风格。单体建筑为殖民地柱廊式，基本上由西式双层及单层组成，由一道围墙将之与外隔绝：

甲座：教区职工住宅，为红砖洋楼；新四军曾租用该楼开办门诊；现已拆除，原址上建藤山戴斯酒店；

乙座：教区职工住宅；

丙座：真学书院，即今基督教施埔堂，原名“真学堂”，由包尔腾建于光绪九年（1883 年），位于今福州市仓山区福建师范大学旁的学生街，为两层回廊式建筑；

丁座：原功能不明；

22 [英]司徒友仁（Eugene Stock，1836-1928 年）、[英]麦克兰（T. McClelland）：《为了基督：大英教会在福建》（*For Christ in Fuh-Kien*），同上，第 29 页。

戊座：主教住宅，主教张光旭（Michael Chang, Kwang-Hsu Michael Chang，1898-1973 年）[23]曾居住于此。[24]

己座：原功能不明。

23 张光旭，又名家聪，字位辐，生于罗源县飞竹乡洋头村，8 岁随父至古田，入培英小学，成绩优异，为英籍教师所爱，授以英文，故少年时英语流利；宣统二年（1910 年）入 8 年制福州汉英书院（即三一中学前身），民国六年（1917 年）毕业后任福州苍霞州基督教青年会干事半年，年底入俄亥俄州哈尔兰学院（Harlan College）和肯扬大学（Kenyon University），攻读英国文学和神学，获肯扬大学哲学博士学位；民国十年（1921 年）回国任福州圣公会会吏，并受聘于福州汉英书院任英文教师；民国十二年（1923 年），任福州圣公会会长，在三一堂传道；民国二十七年（1938 年），圣公会福建教区选派张光旭赴英国牛津大学攻读硕士学位，在此期间，受中华圣公会派遣为英国两大主教之一的约克大主教的"圣侍牧师"，作为大主教在主持礼仪时的临时顾问；民国二十九年（1940 年）学成回国，任福建省高级神学院即真学书院主任，兼圣公会福建教区教育工作及牧师，并继续在三一中学任教。民国三十一年（1942 年）初，张光旭当选为福建教区主教。民国三十二年（1943 年）10 月 10 日广西桂林圣约翰堂为其举行"祝圣"仪式，升其为福建教区正主教（会督），为中国人担任正主教之第一人。此时他还兼任福建协和大学董事长。民国三十三年（1944 年）9 月福州第二次沦陷，张光旭随教区迁往古田县。民国三十四年（1945 年）6 月，中华基督教会、中华基督教卫理公会、中华圣公会负责人在闽清县六都开会，决定创办福建协和神学院，公推张光旭为董事长。抗日战争胜利后，教区迁回福州施埔，神学院在仓前山麦园路成立，并招生开学。民国三十七年（1948 年），英国召开十年一次的"兰柏会议"，也是圣公会对外布道 150 周年纪念会。张光旭和郑和甫、陈见真等 3 位中国籍主教代表中国教会出席。会后张光旭应邀在伦敦威斯敏斯特教堂讲道，英女王伊利莎白通知全国收听他的演讲，并拟为其举行茶会，而被婉辞。民国三十八年（1949 年）春，张光旭应美国圣公会邀请，于基督受难周在美国作一星期演讲，被哥伦比亚大学校长艾森豪威尔授予荣誉博士学位。是年 5 月，福州临近解放，张光旭于 5 月 21 日离美返国，主持教区会务。新中国成立后，他自觉参加政治学习，提高思想觉悟，撰写《批判"超政治"思想》一文在《福建日报》发表；以圣公会福建教区主教名义，数次写信给各教区同工、同道。在其带动下，圣公会福建教区座堂率先投入"三自"革新宣言签名运动，教区所属的 13 个支区 20 个市县，约 1 万名信徒参与签名，表示坚决与帝国主义断绝关系。继之全教区开展控诉帝国主义利用宗教侵略中国罪行的运动，接着举行"教区新生晚会"，会上张光旭宣布福建教区正式致电圣公会英国布道会，宣告与帝国主义断绝一切关系。1951 年 10 月，福州基督教抗美援朝"三自"革新运动委员会筹备处成立，推举张光旭任主任；1954 年推为任基督教"三自"爱国运动委员会常务委员会和国际委员会副主任；1956 年任福州市基督教"三自"爱国运动委员会名誉主席，后任主席。他先后被选为福建省第一届人民代表大会代表、政协福建省第二届委员会委员。戴显群主编：《福州市仓山区文史资料：仓山宗教文化萃编》，同上，第 183 页。

24 参见《真学书院》，刊于"福州老建筑百科"网站：http://www.fzcuo.com/index.php?edition-view-2282-4.html，引用日期：2022 年 3 月 12 日。

史荦伯：1883-1888 年
罗为霖：1888-1893 年
班为兰：1893-1898 年
马约翰：1898-1907 年
万拔文：1907-1912 年

真学书院第一任主理由史荦伯担任，继而担任主理的有会长罗为霖、会长班为兰。先后担任监院（副主理、副校长）的有：会长魏藉基，朱炳光，英国圣公会在闽第一位华人传道闽安镇人黄求德会长，会长陈信基，黄上泽，会长张有虔（字心斋）。光绪二十四年（1898 年），会长马约翰（John Martin，约 1857-1921 年）任主理，同时陈永恩（Ding Ing-ong, Chen Yongen，1873-1951 年）担任副主理。[25]

光绪二十七年（1901 年），香港维多利亚教区主教（又译“会督”，Bishop）霍约瑟（Joseph Charles Hoare，1851-1906 年）及福建大英教会神职人员合影。[26]

大英教会教育传教士史荦伯，出生于爱尔兰都柏林望族，1873 年（同治十二年）毕业于都柏林的三一学院（Trinity College）后，至伦敦攻读法律，不久立

25 参见《福建协和道学院历史》，同上，第 6 页。另外参见林金水等著：《福建与中西文化交流史论》，北京：海洋出版社，2015 年 4 月第 1 版，第 153 页，记述：“真学书院第一任主理是史荦伯（1877-1883 年在任），继而有班为兰会长（Rev. William Banister 1883-1885 年在任）、马丁会长（Rev. J. Martin l898-7 年在任）、万拔文会长（Rev. W. S. Pakenham -Walsh 1906-1916 年在任）。历任真学书院副主理的有：黄求德会长（祖籍闽安）、陈信基会长（祖籍闽侯）、陈永恩会长（祖籍古田）。”

26 黄仰英（Y. Y. Huang）编著：《饮水思源》（*Streams of Living Water*），同上，第 43 页。

志传道，加入大英教会，转入伊斯灵顿神学院（Islington Theological Seminary），1876 年（光绪二年）与罗为霖等在伦敦圣保罗主教座堂（St. Paul Cathedral）同受按立，担任会长，受大英教会差派，携新婚妻子史沈美俐（Louisa Kathleen Smyly Stewart，1852-1895 年）与罗为霖夫妇于 11 月 14 日抵达福州。[27]光绪五年（1879 年），史荦伯专门负责英国圣公会在福州的神学教育工作。他开办 1 所培养本地女传道人的学校，得到英国圣公会差会女部的支持。[28]他在福州乌石山创办榕城两等小学，后在乌石山教案中被毁。光绪十七年（1891 年），史荦伯因病回爱尔兰休假。1892 年（光绪十八年），史荦伯受大英教会派遣，与秘书司徒友仁（Eugene Stock，1836-1928 年）前往澳大利亚举行巡回布道，招募青年传教士前往中国。光绪十九年（1893 年），史荦伯夫妇从都柏林经加拿大回到中国，被调往古城县（Kucheng City，即古田县）。史荦伯替代班为兰，担任教会牧正，传教并开办寄宿学校，负责照顾当地英国圣公会差会女部的 12 位单身女传教士（在闽共有 26 名）。光绪二十一年（1895 年）8 月 1 日是史荦伯夫妇儿子的生日，“古城教案”[29]也称“古城大屠杀”（Kucheng Massacre）发生。史荦伯夫妇及其两个幼子、10 位单身女传教士被斋教（Vegerarians，也称“菜会”）徒杀害。[30]他们的遗体葬于福州洋墓亭。[31]史荦伯遇难后，古田圣公会将光绪十九年（1893 年）建立的新义山小学改而以他的名字命名，民国十四年（1925 年）将之升格为史荦伯初级中学（Robert Stewart Memorial

27 林金水等著：《福建与中西文化交流史论》，同上，第 151 页。

28 [英]华玛丽（Mary E. Watson）：《史荦伯夫妇的生与死》（*Robert and Louisa Stewart: in Life and in Death*），同上，第 18 页。

29 关于“古田教案”的简要历史，参见[英]司徒友仁（Eugene Stock，1836-1928 年）、[英]麦克兰（T. McClelland）：《为了基督：大英教会在福建》（*For Christ in Fuh-Kien*），同上，第 31-44 页。

30 黄仰英（Y. Y. Huang）编著：《饮水思源》（*Streams of Living Water*），同上，第 12-15 页。

31 参见《史路易莎》（Louisa Katharine [Smyly] Stewart [1852-1895]），刊于“维基家谱”（Wikitree）网站：https://www.wikitree.com/wiki/Smyly-19，引用日期：2022 年 3 月 10 日。Ian Welch：《古田屠杀案》（The Flower Mountain Murders），Canberra: Australian National University，2011 年，电子版刊于“澳大利亚国立大学”（Australian National University）网站：https://openresearch-repository.anu.edu.au/bitstream/1885/7273/68/Welch_Fl.Mt.2011_Datapages.pdf，引用日期：2022 年 3 月 10 日。另外参见郑贞文、陈寿绥：《古田教案》，收录于福建省政协文史资料委员会编：《基督教天主教编》，同上，第 96-100 页，特别参见第 98 页，认为，总计杀死 11 人。

School）[32]，即今古田第二中学的前身。

史荦伯夫妇的两个女儿与他们一起在古田教案中被杀，年长者仅 6 岁。[33]

位于福州仓山洋墓亭的史荦伯夫妇墓地[34]

32 中国人民政治协商会议福建省古田县委员会文史资料委员会编:《古田文史资料》，第一-三辑，内部资料，1992 年，第 100 页。

33 [英]华玛丽（Mary E. Watson）:《史荦伯夫妇的生与死》（*Robert and Louisa Stewart: in Life and in Death*），同上，第 29 页。

34 图片取自《史路易莎》（Louisa Katharine [Smyly] Stewart [1852-1895]），刊于"维基家谱"（Wikitree）网站：https://www.wikitree.com/wiki/Smyly-19，引用日期：2022 年 3 月 10 日。

罗为霖与史荦伯等人在伦敦圣保罗主教座堂同时被按立为会长，携妻罗莉亚（Julia Lloyd）与史荦伯夫妇一同抵达福州，担任真学书院主理（Principal of the Theological College）及男塾广学书院主理（1888-1893 年），负责兴化教区教务，担任华南教区执行干事（1890-1891 年），民国八年（1919 年）退休回国。[35]

班为兰[36]

35 [英]罗为霖（Llewelyn Lloyd）：《福建省》（The Province of Fukien），收录于[英]海恩波（Marshall Broomhall, 1866-1937 年）：《大清国》（*The Chinese Empire. A General and Missionary Survey*），London: Morgan & Scott，1907 年，第 54-62 页。参见《大英教会非官方档案（约 1290-2017 年）》（XCMSACC-Church Missionary Society Unofficial Papers-c 1290-2017），刊于"伯明翰大学"网站：https://calmview.bham.ac.uk/Record.aspx?src=CalmView.Catalog&id=XCMSACC%2F377，引用日期：2022 年 3 月 10 日。

36 图片取自"布里斯托大学中国历史图片"（University of Bristol-Historical Photographs of China）网站：https://www.hpcbristol.net/visual/ba01-021，引用日期：2022 年 3 月 6 日。

班为兰长校时，黄求德牧师及陈信基牧师先后担任监院。班为兰出生于英国兰开夏（Lancashire）郡，入读伊斯灵顿的大英教会学院（The Church Missionary Society College, Islington），1879 年（光绪五年）接受按立，之后入华传教，被升为香港会吏总（Archdeacon of Hong Kong）；继罗为霖担任真学书院主理（1893-1898 年）；光绪三十四年（1908 年）担任首任桂湘教区主教（Bishop of Kwangsi-Hunan），民国十二年（1923 年）退休。光绪二十七年（1901 年），班为兰与摩嘉立、胡约翰、罗为霖、李承恩共同修订福州土白《新旧约全书》中的《但以理-启示录》部分。[37]

1920 年代的陈永恩[38]

37 蔡锦图：《圣经在中国：附中文圣经历史目录》，香港：道风书社，同上，第 482 页。

38 图片取自“英国图片馆”（National Portrait Gallery）网站：https://www.npg.org.uk/collections/search/portrait/mw247830/Ding-Ing-Ong，引用日期：2022 年 3 月 10 日。

光绪二十四年（1898 年），马约翰担任校长时，陈永恩担任监院。陈永恩，字少海，出生于古田，就学于广学书院、真学书院，光绪二十九年（1903 年）被封立为会长，担任真学书院副主理多年；民国十一年（1922 年）担任闽北会吏总，是英国圣公会第一位中国籍会吏总；民国十六年（1927 年），被祝圣为首位中国籍副主教（1927-1940 年在任），民国二十九年（1940 年）退休。[39]

光绪三十三年（1907 年），万拔文（William Sandford Pakenham-Walsh，1868-1960 年）被奉派至仓前山主持真学书院，兼任英文班教学工作。[40]大英教会教育传教士万拔文也是一位作家，出生于爱尔兰牧师家庭，从都柏林大学三一学院获文学士学位；1897 年（光绪二十三年）受大英教会委派以都柏林大学福建差会会长身份与石多马（T. de. C. Studdert）会长一同来华布道兴学，驻福州南台，主牧仓山圣约翰堂；光绪二十八年（1902 年）回国，同年在伦敦与哈迩玛（Gertrude Maud Harmar，1871-1946 年）结婚，婚后复返南台；光绪三十三年（1907 年），在南台仓前山施埔开办圣马可书院（也称"英汉书院"）。民国元年（1912 年），大英教会在南台仓前山以所购旧俄领馆馆舍及周边园地为新址，将圣马可书院、广学书院和榕南两等小学堂合并，改称福州三一学校。三一学校是一个小型教育集团，旗下有三一汉英书院、三一中学校和三一两等小学校，万拔文出任总理即校长。万拔文嗣获文科硕士学位；民国八年（1919 年）退休，继续留在中国。隔年，夫人先行回国。民国十年（1921 年），万拔文离榕回国，任北安普敦郡苏尔格雷夫教区牧师（Vicar of Sulgrave, Northamptonshire）。民国十四年（1925 年），教友捐资在福州三一学校内建造高 18 米的 3 层红砖钟楼 1 座，纪念其开创之功，特将之命名为"思万楼"（Pakenham-Walsh Tower）。万拔文编著丰富，主要包括三大类：

中国基督教史

《华南基督徒素描》（*Some Typical Christians of South China*），London: Marshall Bros.，1905 年；

《聂斯脱利派与中国的景教差会》（*Nestorius and the Nestorian Mission in China*），Shanghai: Printed at the American Presbyterian

39 黄仰英（Y. Y. Huang）编著：《饮水思源》（*Streams of Living Water*），同上，第 86 页。

40 福州市地方志编纂委员会编：《福州人名志》，张天禄主编，福州：海潮摄影艺术出版社，2007 年 1 月第 1 版，第 5 页。

Mission Press，1908 年；

《戊戌变法》（The Reform Movement in China），出版信息不详；

《追思三位医务传教士》（*Three Medical Missionaries: in Memoriam*），与高凌霄（Edward Moore Norton）合著，出版地点不详，1922 年；

《在华二十年》（*Twenty Years in China*），Cambridge: W. Heffer & Sons，1935 年；

基督教史

《战争中的颂歌》（*Chants in War*）（1916 年）；

《安妮·博林：五月的女王——四部剧中的一幕》（*Anne Boleyn: or, The Queen of May —— a Play in Four Acts*）（1921 年）；

《苏尔格雷夫圣雅各教堂》（*The Church of St. James, Sulgrave*）（1925 年）；

《苏尔格雷夫周边五十英里》（*Fifty Miles Round Sulgrave*）（1929 年）；

《乔治·华盛顿的祖辈》（*The Ancestry of George Washington*）（192? 年）；

《穿过云朵和阳光》（*Through Cloud and Sunshine*）（1932 年）；

《都铎王朝的故事：安妮·博林的归来》（*A Tudor Story: the Return of Anne Boleyn*），遗稿，经编辑整理，于 1963 年在伦敦出版；

乐谱

《在巷尾遇见我》（*Meet Me at the Bottom of the Lane*）（1942 年）。[41]

与万拔文合著《追思三位医务传教士》的高凌霄，民国四年（1915 年）来华，在福州三一学校执教 26 年（1915-1941 年），在布道与教学上对本土圣公会副会督刘玉苍（1906-1967 年）影响巨大，参与编写《榕腔注音字典》字母 H 至 K 部分。[42]

41 参见《万拔文》（William Sandford Pakenham-Walsh），刊于“维基百科”网站：https://en.wikipedia.org/wiki/W._S._Pakenham-Walsh，最后修订日期：23 July 2021, at 19: 52 (UTC).，引用日期：2022 年 3 月 12 日。

42 周典恩：《新教传教士与闽台方言字典》，收录于福建师范大学闽台区域研究中心

民国元年（1912 年），真学书院与美以美会“保灵福音书院”及美国公理会“圣学书院”联合成立“福建协和道学院”（Foochow Union Theological Seminary）。民国十六年（1927 年）福建协和道学院因蔓延全国的反基督教浪潮被迫解散之后，英国圣公会在仓山施埔真学书院原址复校，继续开展高等神学教育。真学书院主要为英国圣公会在华教区培养本地神职人员。例如，魏亦亨，从真学书院卒业后，担任英国圣公会河南教区会吏（1912 年）、会长（1913 年）；[43]陈通迪，从真学书院卒业后，担任英国圣公会河南教区会吏（1926 年）、会长（1927 年）。[44]未迁施埔之前的毕业生人数无从考证。民国二年-十五年（1913-1926 年），从真学书院毕业者总计 318 人，分布于全闽。英国圣公会在华本地正式传道人及巡视各支会的会长都从这里走出。[45]

另外，光绪二十九年（1903 年），英国圣公会莆田支区于莆田县城厢半门街举办哲元学习斋。民国二十二年（1933 年），莆田哲元学习斋并入福建会督区美以美会道学院。[46]

编：《闽台区域研究丛刊》，第 3 辑，“闽台基督教问题研究专辑”，北京：海洋出版社，2003 年 11 月第 1 版，第 32 页。

43 左芙蓉：《华北地区的圣公会》，北京：宗教文化出版社，2017 年 7 月第 1 版，第 26 页。

44 左芙蓉：《华北地区的圣公会》，同上，第 27 页。

45 《福建协和道学院历史》，同上，第 6 页，此处原文为：“惟溯一八一三年，迄今统计三百一十八名”。“一八一三”显然为编辑错误。

46 莆田市教育委员会编：《莆田市教育志》，同上，第 203 页。

第六章　办学基础 2.0 版：福建协和道学院

第一节　福建协和道学院

福建协和道学校圣公会学生毕业摄影，民国六年（1917 年）。[1]

1　黄仰英（Y. Y. Huang）编著：《饮水思源》（*Streams of Living Water*），同上，第 58 页。

光绪三十二年（1906 年），闽北教会开始提倡联合开办神学校。福州三公会为了加强培养将来的教会人才，更好地解决神职人员培养问题，避免人才和经济上的重复，积极倡议将已有的三所神学校合并，合并后的神学校名为“协和道学院”。时福州三公会即派代表协议典章及组合之手续，议决福州三公会将各家所办道学院合并为协和道学院，但联合办学计划唯缺办学经费，合作工作只能暂时中止。参与动议建立协和道学院的有：马约翰、兰益嘉（F. E. Bland）、蔼树棠（James Bruce Eyestone，1870-1956 年）、聂、嘉、邢、何乐益。[2]

迨至宣统三年（1911 年），怀德博士莅闽，再提旧事，倡导联合开办道学院，从而进一步促成福州三公会合办神学院。[3]是年，三公会派代表协议计划建立的协和道学院的办学地点，或在福建省，或在福州。参加会议的大英教会代表有：福建教区首任主教贝嘉德（Horace MacCartie Eyre Price，1863-1941 年，1905-1918 年在任），会长马约翰；美以美会代表有：牧师萌为廉、牧师黄安素（Ralph A. Ward，1882-1958 年）；美国公理会代表有：牧师弼履仁、牧师何乐益。六位代表公推贝嘉德为班长即主席，拟定典章，确定科目，[4]其中的黄安素出生于美国俄亥俄州，1903 年（光绪二十九年）获俄亥俄卫斯理大学学士学位，1906 年（光绪三十二年）获文学硕士学位，同年，通过半工半读在波士顿神学院获神学学士学位；1919 年（民国八年），从俄勒冈州庇里亚的鲍德温-华莱士学院（Baldwin-Wallace College, Berea, Oregon）获神学博士学位，1940 年（民国二十九年）获法学博士学位，1946 年（民国三十五年）又获神学博士学位。1906 年（光绪三十二年），黄安素加入美以美会，在麻萨诸塞州担任牧师（1906-1908 年）；1909 年（宣统元年），受美以美会差派来华，驻福州，此后在华传教 50 年，被誉为香港、台湾卫理公会奠基人。民国五年（1916 年），黄爱素返纽约，担任美以美会海外传道部干事，此后在美以美会座堂担任海外传道部华东地区常务委员会助理干事（Associate Secretary for Eastern China, Board Foreign Missions）（1919-1924 年）。1921 年（民国十年），他兼任美国中华学会常务干事（Executive Secretary China Society of America）。1925 年（民国十四年），黄安素再次来到中国，担任福州鹤龄英华中学校长。民国

2 《福建协和道学院历史》，同上，第 7 页。只有姓氏之人有待考证。

3 林显芳：《福州美以美年会史》，同上，第 26 页。《福建协和道学院历史》，同上，第 7 页。华惠成：《协和道学院之近况》，刊于《卫理》，第 7 卷第 9-10 期，1935 年，第 13 页。

4 《福建协和道学院历史》，同上，第 8 页。

十七年（1928 年），黄安素回美述职。在此期间，他担任世界服务机械工程教会的执行干事（Executive Secretary of World Service Mechanical Engineering Church）（1928-1932 年）。民国二十六年（1937 年），黄安素入驻成都，担任华西议会会督；4 年后改任为总会会督，管理江西、华中、华东三个年议会，入驻上海。民国三十年（1941 年），太平洋战争爆发，黄安素被日军逮捕入狱，抗战胜利后恢复教牧工作。民国三十五年（1946 年）国共内战爆发后，黄安素与卫理公会总干事陈文渊（W. Y. Chen，1897-1968 年）发起为期三年的基督教奋进运动。民国三十六年（1947 年）2 月，妻子黄宓德（Mildred May Worley Ward，1883-1947 年）因病逝于九江。民国三十七年（1948 年）8 月 25 日，他与传教士鲍耶（Katherine Boeye）结婚。1950 年，黄安素离开中国，返美退休。1952 年，黄安素受美国卫理公会总议会之命，来到港台推展国语传教工作，在台北致力于恢复东吴大学办学的工作。1958 年，黄安素病逝于香港。[5]台北市的"安素堂"（Ward Memorial Methodist Church）以他命名，以表纪念。[6]

上述大会建立董事部。董事部由福州三公会推举产生，大英教会董事有：主教贝嘉德，医生雷士腾（B. Van S. Taylor），会长叶端美（字赞林，留美）；美以美会董事有：牧师黄安素，牧师蔼树棠，牧师余淑心（U Seuk Sing）；美国公理会董事有：牧师弼履仁，牧师伊芳廷（Edward Huntington Smith，1873-1968 年），林学义。福州三公会又派员参加会议，其中大英教会代表有：马约翰会长，陈永恩会长；美以美会代表有：萌为廉牧师，陈文畴牧师；美国公理会代表有：何乐益牧师，林友书牧师。[7]董事部推举萌为廉为院长，马约翰为司库即会计，聘请俞秋丞、陈德侯为国文教员，聘请石炳勳担任国语教员，不久又派遣美以美会牧师黄治基为教员。[8]

伊芳廷，出生于康涅狄格州新牛顿的富兰克林（Franklin, New London, Connecticut），先后毕业于阿默斯特学院、哈特福德神学院，1901 年（光绪二

5　楊春婷：《黄安素》，刊于"典华"网站：http://bdcconline.net/zh-hant/stories/huang-ansu，引用日期：2022 年 3 月 12 日；参见《黄安素》（Ralph Ansel Ward [1882-1958]），刊于"寻墓"（Find A Grave）网站：https://www.findagrave.com/memorial/79593084/ralph-ansel-ward，引用日期：2022 年 2 月 20 日。

6　参见"中华基督教卫理公会安素堂"网站：https://wardhall1964.wix.com/wmmc，引用日期：2022 年 3 月 12 日。

7　《福建协和道学院历史》，同上，第 8 页。

8　《福建协和道学院历史》，同上，第 8 页。

十七年）受美国公理会派遣携妻伊陶恩爱（Grace Wilbur Thomas Smith，1874-1939 年）来华，驻永泰（Ing Tai），在永泰走遍 500 个乡村，兴办教堂、学校、医院、孤儿院等，在各乡设立小学 30 多所，遍布永泰各地，先后创办的格致学校、育德女校于民国十六年（1927 年）合并为永泰同仁初级中学。伊芳廷送汪嵩峻至福建协和道学院学习。汪嵩峻完成 4 年学业后回永泰担任小学教员兼任传道。1947 年（民国三十六年），伊芳廷第二次来华驻福州，建立和开展“学校青年团契”、“青年英文查经班”、“影音教育活动”、“毕范宇的乡村服务事业”、“海珥玛的基督化家庭运动”等。其长女伊蕙兰（Helen Huntington Smith，1902-1971 年）在福州文山女子中学教书。1950 年冬，伊芳廷被驱逐出境，在华从事传教工作 50 多年后回康涅狄格州终老。

约 1904 年伊芳廷（左一）及妻（左三）与 16 个月大的长女伊蕙兰等人合影[9]

民国元年（1912 年）3 月 20 日，大英教会的真学书院、美以美会的保灵福音书院及美国公理会的圣学书院合并为福建协和道学院（Foochow Union Theological School），[10]也称“福建协和道学校”。这两个名称同时见于原始文献之中。而英文按名汉译为“福州协和道学校”。校址设于仓前山鹤龄路原保灵福音书院。

9 图片取自“南加州大学数字图书馆”（University of Southern California Digital Library）网站：https://digitallibrary.usc.edu/asset-management/2A3BF1D5ZC87，引用日期：2022 年 3 月 12 日。

10 《福建协和道学院历史》，同上，第 8 页。

福建协和道学院（1912-1927 年）

萌为廉：1912-1914 年
何乐益：1914-1917 年
蔼树棠：1917-1919 年
林友书：1919 年
丁玉铭：1919 年代校长
华惠成：1920-1927 年

福建协和道学院董事部的组织结构体现出宗派联合办学的特征。道学院董事部总理由大英教会福建教区主教贝嘉德担任，书记由美国公理会牧师禅益知担任，首任院长是美以美会的萌为廉。民国三年（1914 年）秋，萌为廉归国，后转驻上海，监学陈文畴生病，美以美会派遣牧师蔼树棠、牧师高哲善担任教员。董事部推举美国公理会的何乐益担任院长，高哲善担任监学。创办越 5 年，何乐益回美，高哲善去世。董事部推荐美以美会的蔼树棠接任院长，牧师丁玉铭（字少融，Samson Ding）担任监学。民国八年（1919 年），蔼树棠回国后，林友书牧师继任院长，而林友书请假游历，监学丁玉铭兼任代院长。民国九年（1920 年），林友书辞职后，美以美会牧师华惠成接任院长，民国十六年（1927 年）停办后，华惠成回美。[11]

福建协和道学院教学楼[12]

在组建福建协和道学院过程之中以及运行之后，贝嘉德主教一直是关键性人物。他出生于英格兰伍斯特郡莫尔文（Malvern）的牧师家庭，就读于罗

11 林显芳：《福州美以美年会史》，同上，第 26 页。
12 林显芳：《福州美以美年会史》，同上，正文前插图，未标页码，按照顺序，第 6 页。

塞尔学校（Rossall School），从剑桥大学三一学院获文学士学位（1885 年）、文学硕士学位（1889 年）；1886 年（光绪十二年），接受按立，担任执事；1888 年（光绪十四年）接受按立，担任会吏。他受英国圣公会差会派遣至塞拉利昂传教（1886-1889 年），担任西非最古老的大学塞拉利昂大学弗拉湾学院（Fourah Bay College）副院长，后担任萨福克郡温菲尔德（Wingfield, Suffolk）的会长（1889-1890 年）。他服务于日本圣公会，担任大阪会吏总（Archdeacon of Osaka）、大阪大英教会男校校长（1890-1897 年）、大阪大英教会执行干事（1897-1898 年）、大阪大英教会神学院院长（1900-1903 年）、大阪大英教会干事（1899-1904 年）以及大阪圣公会主教的审查牧师（examining chaplain）（1899-1906 年）等职务。光绪三十二年（1906 年），他担任圣公会福建教区首任主教（1906-1918 年），之后返回英格兰出任伊利（Ely）教区副主教、会吏长（1919-1941 年）和伊利座堂的法政牧师（Canon Residentiary of Ely Cathedral）（1921-1941 年）。[13]

第一任院长萌为廉，也译为“麦先生”，是福州基督教早期传播史上的重要人物，在教会大学史上具有重要地位。他出生于美国爱荷华（又译“衣阿华”）州，先后在康奈尔大学、加瑞特圣经学院（Garret Biblical Institute）学习。1896 年（光绪二十二年），他与李安蔓（Amand Emma Litter，？-1930 年）结婚，接受美以美会派遣携妻前往福州。到达福州后，萌为廉夫妇习福州话，先后在福州、福清、古田、延平传教；光绪二十八年（1902 年），在延平绿竹岭开办培元书院；光绪三十年（1904 年），将培元书院迁城内北镇新建校舍，更名为流芳学堂，为纪念已故首任延平布道使薛承恩，特定英文校名为“Nathan Sites Memorial Academy”，即薛承恩纪念学校，即今南平剑津中学（也称“南平第二中学”）的前身。萌为廉参与创办福建协和道学院，担任院长。他还参与创办华南女子文理学院，同时兼任鹤龄英华书院校董。民国三年（1914 年），萌为廉调驻上海，先后任圆明园路中央议会副司库、司库；民国十二年（1923 年），代表美以美会加入教会司库协会。民国十九年（1930 年），原配在上海去世，葬于静安寺外国坟山（今静安公园）。民国二十一年（1932 年），萌为廉与美以美会女布道会教育传教士、原华南女子文理学院院长卢爱

13 参见《贝嘉德》（Horace MacCartie Eyre Price），刊于“基督教经典卓越图书馆”（Christian Classics Ethereal Library）网站：https://ccel.org/ccel/schaff/encyc/encyc09/htm/iv.iv.xlviii.htm，引用日期：2022 年 3 月 6 日。

德（Ida Belle Lewis，1887-1969 年）结婚；民国二十五年（1936 年）前后，辞教会司库协会职，留住上海法租界辣斐德路（Route Lafayette，今复兴中路）黑石公寓。民国三十年（1941 年）太平洋战争爆发前，萌为廉携眷撤退回美，卜居加州密尔谷。[14]

关于第二任院长何乐益，前文已有详细介绍，此处略去。第三任院长蔼树棠，出生于美国爱荷华州列克星敦，就读于爱荷华卫斯理学院（Iowa Wesleyan College）（1890-1897 年），1902 年（光绪二十八年）进入波士顿大学神学院学习，1905 年（光绪三十一年）毕业，前往福州传教。他主要的活动区域在闽清，任闽清私立天儒高等小学校长。光绪三十年（1904 年）8 月 25 日，他与来自西拉丘兹的伊丽莎白 · 赖特（Elizabeth Wright of Keosauqua，？-1907 年）结婚。光绪三十三年（1907 年）3 月 27 日，赖特在福州意外去世，葬于洋墓亭。宣统二年（1910 年）9 月 14 日，来自密歇根州的龙宜飒（Isabelle Douglass Longstreet）成为蔼树堂的继室。民国六年（1917 年），天儒小学从六都迁闽清县城，民国八年（1919 年）新校区竣工。1920-1921 年（民国九-十年），蔼树棠回美，参加纽约一神学机构的工作，结束后又返华。民国十二年（1923 年），蔼树棠获美以美会支持，在天儒小学基础上增办天儒初中（为闽清一中前身学校之一）。民国十六年（1927 年），武汉国民政府教育部下令，国内学校均须以中国人为院长。蔼树棠因而辞职，并举家迁移至菲律宾马尼拉，又迁回美国。[15]

第四任院长、第一任华人院长林友书以及代院长丁玉铭的资料极少。本书未见史料介绍丁玉铭的生平事迹。林友书，字愈愚，福建闽侯人，从福州格致书院毕业，担任福建协和道学院院长、日本高等教育考察团团员；民国十八年（1929 年），任闽北中华基督教会执行干事、福建协和大学主席董事。[16]他与何乐益合撰《福建协和道学院》一文，刊于《中华基督教会年鉴》。[17]

14 拉库爷爷的博客：《萌惠廉》，发布日期：2019-07-17 21:46:17，刊于“新浪博客”网站：http: //blog.sina.com.cn/s/blog_44a823a80102ypyz.html，引用日期：2022 年 3 月 10 日。

15 参见《鼓岭蔼树棠别墅》，刊于“福州老建筑百科”网站：http://www.fzcuo.com/index.php?doc-view-2258.html，引用日期：2022 年 3 月 14 日。

16 翁迈东：《福建协和大学史料汇编》，福州：福建人民出版社，2016 年 12 月第 1 版，第 177 页。

17 [美]何乐益（Lewis Hodous）、林友书：《福建协和道学院》，载《中华基督教会年鉴》第三期，上海：中华读行委办会，1916 年，书四，第 47-48 页。

第五任院长华惠成（Harry Wescott Worley，1886-1948 年）是华雅各之子，与教会大学密切相关。他出生于福州，1908 年（光绪三十四年）毕业于俄亥俄卫斯理大学，曾任学生志愿运动的巡回干事（Travelling Secretary）（1911-1912 年）、俄亥俄州弗雷斯诺（Fresno）美以美会堂牧师（1912-1913 年）；1913 年（民国二年）12 月 30 日，与华万维勤（Zela Cyrena Wiltsie Worley，1892-1981 年）结婚，任麻萨诸塞州马尔登（Malden）中央教堂助理牧师（1913-1914 年）；1915 年（民国四年）毕业于波士顿大学神学院，获硕士学位，同年受派遣携妻前往福州，在福州从事传教工作（1915-1920 年），在福建协和道学院、美以美会道学院、福建基督教协和道学院任教并任院长（1920-1936 年），在此期间，1928 年（民国十七年）在南加州大学进修；1938 年（民国二十七年），从耶鲁大学毕业获博士学位，之后返华继续从教，先后在福建基督教协和道学院以及福建协和神學院任教并任院长（1938-1948 年）。他担任福州扶轮社（Foochow Club of Rotary International）和福州红十字会（Foochow Chapter of the International Red Cross）会长。民国三十七年（1948 年）2 月 14 日，华惠成在福建基督教协和道学院以及福建逝世，葬于洋墓亭。[18]华惠成妻子华万维勤，出生于俄亥俄州的阿帕桑达斯基（Upper Sandusky, Ohio），与华惠成是大学校友，1913 年（民国二年）毕业于俄亥俄卫斯理大学，之后又毕业于波士顿大学神学院（1914-1915 年）。她随夫在榕传教，是最后一批离开福州的传教士之一。[19]

福建协和道学院由福州三公会联合创办与治理，其它公会若愿意加盟，需要经过两个创校公会以及董事部认可。但是，学校的管理权属于董事部以及教员会。福州三公会各派西牧师 2 人、华人牧师 1 人组成董事部，1 人任期 1 年，1 人任期 2 年，1 人任期 3 年，继任者任期均为 3 年，任期期满后由各个公会再行推荐补充。教员不得担任董事。院长、会计则因工作之需而担任董事，但没有决议之权。董事部设总理及书记，具有选举院长以及推荐各个公会合格教员之权，也具有估计情况补助学生款目之权，有颁发文凭以及准备预算表交给

18 华惠成（Harry Wescott Worley）的著作有：《美以美会总会：教会适应研究，传教对教会组织发展的贡献》（*The Central Conference of the Methodist Episcopal Church: a Study in Ecclesiastical Adaptation, or, a Contribution of the Mission Field to the Development of Church Organization*），Foochow, China: The Christian Herald Mission Press，1940 年。

19 参见《鼓岭华惠成别墅》，刊于“福州老建筑百科”网站：https://www.fzcuo.com/index.php?doc-view-2354.html，引用日期：2022 年 3 月 12 日。

各个公会之权，授权给各个公会募捐之权，以及委派人稽核帐目之权，稽核帐目最少半年一次。[20]学校的财务规定，每个公会担负董事部所定的经费以及各公会教员薪水、学生津贴的款目。凡捐给道学院的款项，均由董事部管理。[21]

民国二十四年（1935 年）福建协和道学院教职员工住宅奉献典礼合影[22]

各个公会推举西牧师 1 名担任教员，至少聘请华人牧师或教员担任道学院的教员，另外需要担负 1 名国文教员或国语教员的薪金。凡中国籍教员均需专任。道学院教员会，相当于教授委员会，所行使的职能是，规定学校内部的细则、每日的课程、开学放假的日期、考试、招生等诸事务。[23]最初，大英教会教师有：会长木约翰（John Baker Carpenter，1874-？年）、会吏总陈永恩，以及国文教员陈德侯；美以美会教师有：牧师萌为廉，牧师陈文畴，一位国文教员；美国公理会教师有：牧师何乐益，牧师林友书，一位国文教员。[24]首任监学是美以美会牧师陈文畴，继之有美以美会教师：牧师高哲善（？-1917 年），陈芝美。[25]

---

20 《福建协和道学院历史》，同上，第 9 页。

21 《福建协和道学院历史》，同上，第 9 页。

22 林显芳：《福州美以美年会史》，同上，正文前插图，未标页码，按照顺序，第 6 页。

23 《福建协和道学院历史》，同上，第 9 页。

24 《福建协和道学院历史》，同上，第 8 页。

25 黄仰英（Y. Y. Huang）编著：《饮水思源》（*Streams of Living Water*），同上，第 58 页。

首任监学陈文畴的简历见上文。平潭人高哲善，字复初，是中国当代著名语言学家、翻译家高名凯（1911-1965 年）博士之父，任福建协和道学院监学，著有《问道津梁》四卷（福建协和道学院民国铅印本，民国七年）。[26]陈芝美是陈文畴之子，子承父业，是一位杰出的教育家，出生于古田县二保村，光绪三十四年（1908 年）考入福州鹤龄英华书院（8 年制），民国四年（1915 年）毕业后任福建协和道学院英语和体育课教师；次年赴美国康奈尔大学攻读教育学，两年完成学业，获教育学学士学位后回国，任福州市基督教青年会学生部主任干事。民国十年（1921 年），他应邀至厦门大学教育系任教（1921-1928 年），担任副教授、教授，在此期间，与鲁迅（1881-1936 年）朝夕相处。由于在教育学方面成绩斐然，他被康奈尔大学授予荣誉博士学位。陈芝美在担任福州鹤龄英华书院首任华人校长期间（1928-1948 年），办学成就显著。他为书院提出的校训取自《马太福音》5：14：“尔乃世之光”。陈芝美在担任鹤龄英华校长期间，完成注册立案手续，改校名为私立福州英华中学，担任校长，兼任福建基督教教育协会会长、福州华南女子文理学院附属高中董事会董事长、福建协和大学副董事长、福建省防治麻风协会会长等职务。民国三十七年（1948 年），陈芝美辞校长职。翌年春，他担任中华基督教卫理公会华南区教育委员会总干事、福州卫理公会总干事等职。中华人民共和国成立后，陈芝美拥护《共同纲领》。1949 年 10 月，他当选为福州市人大代表；1951 年被选任福建省政协委员、常委，后又被选为省政协宗教工作组组长、省人大代表。1950 年 9 月 23 日，他与全国基督教 40 位领导人在《人民日报》上发表《基督教三自革新宣言》。1956 年，福州市基督教“三自”革新爱国运动委员会成立，陈芝美被选任第一届主席。1958 年 1 月，陈芝美被划为“右派分子”，下放农场劳动，继续担任福州市基督教“三自”革新爱国委员会委员职务。1961 年，陈芝美被摘掉“右派”帽子，任福州市政协委员。“文革”期间，陈芝美惨遭迫害，1972 年含冤病故。1979 年，中共福建省委统战部为陈芝美恢复名誉。[27]

26 林键：《近代福州基督教神学教育事工的创始与发展（续）》（The Initiation and Development of the Christianity Theory Education Work in Fuzhou at Modern Age），同上，第 94 页。

27 林冷：《陈芝美》，收录于《福州历史人物》，第 10 辑，福州市社会科学院，内部资料，1998 年 5 月，第 90-96 页。黄时裕：《陈芝美》，刊于“典华”网站：http://bdcconline.net/zh-hans/stories/chen-zhimei，引用日期：2022 年 3 月 10 日。陈芝美长女陈寿华口述、严子祺执笔：《回忆爸爸陈芝美》，收录于福州市政协文史资料委员会编：《福州文史集萃》，福州：海潮摄影艺术出版社，2006 年 12 月第 1 版，第 761-

早期在福建协和道学院任教的木约翰，出生于英格兰格罗斯特郡（Gloucestershire）的切尔滕纳姆（Cheltenham），入剑桥大学基督圣体学院（Corpus Christi College）学习，1896 年（光绪二十二年）获得二等神学荣誉学位（Theology Tripos），同年 6 月 30 日加入英国圣公会，成为传教士，担任伯明翰圣约翰堂助理牧师（Curate of St. Thomas's, Birmingham）（1897-1899 年）；1899 年（光绪二十五年）10 月 6 日被派往福建，先后驻福州（1899-1901 年；1908-1911 年）、福清（Futsing，1901-1907 年）、古田（Kutien，1911-1914 年）等地传教，在福建协和道学院任教（1915-1920 年），担任福建主教的审查牧师（Examining Chaplain）（1917-1920 年）；民国十年（1921 年）归国。1901 年（光绪二十七年）4 日 22 日，木约翰与卡埃蒂（Edith Casson，1870-1947 年）结婚。他们的儿子木若涵（John Kenneth G. Carpenter，1905-1985 年）是中国内地会传教士。[28]

民国九年（1920 年）教师合影，教员总计 12 人，其中 3 位传教士，9 位中国籍教师：P. S. Goetz，华惠成夫妇，林步基（Ling Buo Qi），Ling Jin Cu，Tong Nguk Ming，丁玉铭（Samson Ding），Li Ngung Luk。[29]

766 页。陈怀祯：《福州鹤龄英华书院概况》，收录于《福州文史集萃》，同上，第 471-475 页。福州英华中学 1943 惊涛级友联谊会编：《双庆专刊——庆祝英华母校建校 115 年（1881-1996）暨纪念陈芝美校长诞辰 100 周年》，内部资料，1996 年。

28 《木约翰档案》(Papers of John Baker Carpenter)，刊于“档案中心”（The Archives Hub）网站：https://archiveshub.jisc.ac.uk/search/archives/553e61b6-7112-3272-adf1-326c36451a16，引用日期：2022 年 3 月 10 日。

29 图片取自“南加州大学数字图书馆”网站：https://digitallibrary.usc.edu/asset-management/2A3BF1D5Z1HP?FR_=1&W=1453&H=697，引用日期：2022 年 3 月 12 日。

民国八年（1919 年），福建协和道学院对师资队伍以及董事部作出重大调整。加盟教师团队的除美国文学士华惠成之外，还包括：美国公理会牧师、哲学博士黎天锡（又译“黎天赐”，Samuel H. Leger，1891-1960 年），清优附士、纽约师范学校毕业的余淑心牧师，留美硕士林步基（Lin Pu-chi，1894-1973 年），晚清茂才陈德侯，晚清恩贡刘乙辉，南振声，谢东楼。他们担任各科教授。国学教师的加入明显提高国学课程在神学院中的比重与地位。董事部部长为大英教会会督恒约翰（John Hind，1879-1958 年），中文书记为会吏总陈永恩，英文书记为美以美会牧师夏平和（F. C. Havighurst），会计由华惠成兼任。[30]

民国二十四年（1935 年）的林步基[31]

新上任的董事部部长恒约翰出生于爱尔兰贝尔法斯特（Belfast, Ireland），1900 年（光绪二十六年）从都柏林的三一学院（Trinity College, Dublin）毕业，获文学士学位；入读爱尔兰教会神学校（The Church of Ireland Divinity School），1902 年（光绪二十八年）获得道学文凭（Divinity Testimonium），6

30 《福建协和道学院历史》，同上，第 8 页。

31 图片取自《中文部：顾问林步基先生：[照片]》，刊于《华童公学校刊》，第 6 期，1935 年，第 6 页。

月 24 日在施洗约翰圣诞堂（The Nativity of St. John the Baptist）接受按立为执事，同年 10 月 6 日，由都柏林大学福建差会派往福建，被分配到福宁（Funing，今霞浦）传教（1903-1911 年）；光绪二十九年（1903 年），由香港维多利亚主教霍约瑟（Joseph Hoare，1851-1906 年）升为会吏总；光绪三十年（1904 年）12 月 15 日，与卡朋特（Alice Carpenter，1877-1908 年）结婚，生有一女一子，后妻女病逝；宣统元年（1909 年）携子回爱尔兰（1909-1910 年）；宣统二年（1910 年）底调驻福州，任教于圣公会开办的中、小学校，次年福州三一学校合并成立，被任命为校长（1911-1918 年）。民国七年（1918 年），继第一任主教贝嘉德（1905-1918 年在任），他当选为中华圣公会福建教区主教（1918-1940 年在任）。都柏林大学授予他荣誉道学博士学位。不久，恒约翰与文菲德（Winifred）结婚。民国二十九年（1940 年），恒约翰退休回国。后续任的主教是舒展（Christopher Birdwood Roussel Sargent，1906-1943 年，1940-1943 年在任）、张光旭（1943-1950 年在任）。恒约翰著有《福建回忆录》（*Fukien Memories*）（Belfast: James A. Nelson，1951 年）等书。[32]

新加盟的教员林步基出生于福州仓山麦园路居安里 7 号的基督徒家庭。其父林叨安原居于宁德二都，是医务传教士密马可（Marcus Mackenzie）在福宁博济医院的学生，后成为福州塔亭医院（今福州市第二医院）第一批华人医生之一，与英籍医师连多马（Thomas Rennie）在仓山开办屈臣氏大药房，担任福州基督教青年会副会长，育有二子：长子林步瀛（1900-1981 年），次子林步基。林步基，毕业于上海圣约翰大学，民国十六年（1927 年）出任中华圣公会福建教区主教座堂苍霞洲基督堂首任牧师。民国十七年（1928 年），在收回教育权运动的影响下，南京国民政府规定校长须由中国人担任。福州三一学校为向国民政府立案，英籍校长来必翰（William Pakenham Walsh Williams，1877-1957 年，1905-1945 年在华）辞职，改由林步基出任第一任华人校长。民国十八年（1929 年）初夏，前校长来必翰认定两名学生有猥亵行为，将其开除，学生请愿，林步基将请愿学生全部开除，三一中学爆发大规模的学潮。福建省教育厅下令停办三一学校中学部，中学部学生转入各省属学校。[33]林步基改组三一中学，不久于民国十九年（1930 年）底离开福州，前往河南开封南关医院

32 参见《恒约翰》，刊于“维基百科”网站：https://zh.wikipedia.org/wiki/恒约翰，最后修订日期：2021 年 10 月 2 日（星期六）17：59，引用日期：2022 年 3 月 12 日。

33 戴显群主编：《福州市仓山区文史资料：仓山宗教文化萃编》，同上，第 197 页。

前街，任中华圣公会私立开封豫中中学（今开封市第三中学）首任校长[34]，之后定居上海，任华童公学代理校长（1942-1943 年）。[35]民国三十五年（1946 年）8 月中华圣公会机关报《圣公会报》（*The Chinese Churchman*）复刊，林步基任主编，直到 1951 年 6 月该刊终止出版。该刊于光绪三十四年（1908 年）创办于上海圣彼得教堂，原名《圣教会报》。[36]1951 年，林步基参加控诉运动，控诉朱友渔（Andrew Yu-yue Tsu，1885-1986 年）主教为美帝走狗、教会败类。[37]民国十年（1921 年），林步基迎娶福州海关官员倪文修（Ni Weng-Sioe，1877-1941 年）、倪林和平（Peace Lin，1880-1950 年）夫妇的次女倪闺贞（又名“倪规箴”）即倪柝声二姐为妻。倪规箴属于上海地方教会；民国三十七年（1948 年），参加第一期鼓岭训练。1956 年 1 月 29 日，倪规箴和俞成华（1901-1956 年）、唐守临（又名“唐醒”，1906-1993 年）、周行义（1915-1998 年）、任钟祥（1918-1997 年）、左弗如（1902-1979 年）等未被逮捕的地方教会信徒，分别关押在上海南阳路聚会所办公楼楼上隔离审查，要求交代倪柝声问题。倪规箴表示接受政府改造。“文革”期间，倪规箴被批斗致死。[38]林步基有著译及文章出版，主要包括：

林步基：《基督教教育与国家主义》，刊于《中华基督教教育季刊》，第 1 卷第 4 期，1925 年，第 19 页；

林步基：《基督教之教育宗旨》，刊于《圣公会报》，第 19 卷第 10 期，1926 年 5 月，第 1-6 页；

林步基编：《诸教参考》，上海：协和书局，1926 年；

林步基：《农民的耶稣》，农民查经课本，上海：广学会，1933 年；

34 《私立圣安得烈中学更名为豫中中学并举林步基为校长，教厅已准予备案》，刊于《河南教育日报》，第 242 期，1932 年，第 2 页。

35 孟丰敏：《流翠烟台山》，同上，第 64-65 页。林轶南整理：《林步瀛故居》，刊于“福州老建筑百科”网站：https://www.fzcuo.com/index.php?doc-innerlink-居安里 7 号.html，引用日期，2022 年 7 月 29 日。政协上海市普陀区委员会文史资料委员会编：《上海市普陀区文史资料》，政协上海市普陀区委员会文史资料委员会，内部资料，1991 年，第 90 页。

36 左芙蓉：《华北地区的圣公会》，同上，第 148-149 页。

37 林步基：《控诉美帝走狗教会败类朱友渔》，《天风》，总 278 号，第 20 卷第 8 期，1951 年 8 月 25 日，第 9-11 页。

38 参见于中旻、倪徐恩秀、陈终道、吴主光、周子坚：《对再批斗倪柝声的平议》，香港：金灯台出版社，2004 年初版，第 73 页。

俞恩嗣、曾广燮、林步基：《中华圣公会江苏教区九十年历史：一八四五年至一九三五年》，南京：江苏教区教会出版发行，1935 年 10 月；

[英]龚斯德（Stanley Jones，1884-1973 年）：《基督教与现代潮流》（*Christ and Present World Issues*）（1937 年），林步基译，上海：广学会，1939 年。

福建协和道学院最初设立 2 年制特科与 4 年制正科。入特科者，需经中学毕业或师范 1 年之程度，在道学院修 2 年课程毕业。入正科者，需有中学 1 年之程度，在道学院修 4 年课程毕业。[39]之后随着教学水平的提高，学校对入学者要求渐高，务求具备中学以上之资格。民国六年（1917 年），福建协和道学院增设 2 年制简易科即附科。入学者年龄以 22-35 岁为限，学习 2 年课程毕业，充任教员或堂会执事。同年，福建协和道学院与福建协和大学合办一科。入学者须考大学入校试验之书。入学该科者每星期在福建协和大学学习 9 堂课，在道学院学习 17 堂课。[40]

福建协和道学院因学生逐步增加，民国三年（1914 年）学校进行扩建。在旧校之右建 5 层洋楼 1 座。上为宿舍，中为讲堂，下为膳堂、厨房。“又另建监学堂一座于学校之北，计宿舍百有余堵。而教授室有五。藏书房、阅报室即设放新校舍之中。校外则为体育场。翼以高墙，甚形巩固云。”[41]自此，福建协和道学院建筑面积达到 2,447.89 平方米，校园占地面积达到 4 亩 5 分 6 厘。当时美以美会及美国公理会之学生寄宿于保灵福音书院。圣公会学生则寄宿于蛇浦真学书院。真学书院于民国五年（1916 年）完全并入福建协和道学院，成为特科班学堂所在地。早晨，福建协和神学院全体学生与教师举行早祷后上课。特科学生下午则在原真学书院上课。正科学生上、下午都在原保灵福音书院上课。[42]

39 美以美会福州年议会（Foochow Conference of the Methodist Episcopal Church）：《美以美会福州年会官方会议记录》（*Official Minutes Foochow Conference of the Methodist Episcopal Church*），1925 年 11 月 18-24 日，福州，Shanghai: Oriental Press，1925 年，第 54-55 页。

40 林键：《近代福州基督教神学教育事工的创始与发展（续）》（The Initiation and Development of the Christianity Theory Education Work in Fuzhou at Modern Age），同上，第 94 页；林金水等著：《福建与中西文化交流史论》，同上，第 165 页。

41 林显芳：《福州美以美年会史》，同上，第 25 页。

42 黄仰英（Y. Y. Huang）编著：《饮水思源》（*Streams of Living Water*），同上，第 58 页。

福建协和道学院设立的课程主要有："神道学"、"教会史"、"教牧学"、"宣道术"、"心理学"、"教育学"、"宗教比较学"、"伦理学"、"实用社会学"、"主日学之教授管理法"、"中国学说"、"英文"、"希腊文"等。道学院教学主要采取理论与实践相结合的方法，注重宣道术的实际应用，故强调先于校外实习，归校则品评之。每星期内合院各生分班研究个人传道事业一次；研究主日学教授管理之法一次。毕业班又有研究实用社会学。星期日学生则分赴各堂实行社会服务并调查社会状态。学校常请名人到校演说。对于学生的体育也十分注重。民国五年（1916 年），道学院曾联合数家教会学校聘请一位西洋体育家，专任体育之事。学校又请医生验体格，弱者则设法使强。[43]

福建协和道学院于民国元年（1912 年）开办之时统计：正科共计学生 48 名，特科共计学生 3 名。至第二学期，圣公会学生有所增加，计美以美会学生 43 名，圣公会学生 10 名，美国公理会学生 8 名，总共 61 名。民国二年（1913 年）正月，毕业学生 16 人，其中美以美会 12 人，圣公会 4 人。民国三年（1914 年），毕业学生 16 人，其中美以美会 10 人，圣公会 4 人，美国公理会 2 人。[44]民国六年（1917 年）统计，学生有 94 名，其中正科 88 名，特科 6 名。至此毕业者 65 名，其中特科 17 名，正科 48 名。毕业特科者平均年龄约 24 岁，正科毕业者平均年龄约 23 岁。各生进会平均年龄约 14 岁。另据民国九年（1920 年）统计，福建协和道学院有 1 个招收中学毕业生的班级 18 人。另有一个班要求两年中学资格，有学生 52 人；圣经学校有学生 28 人，外国教师 1 人，受过西方教育的中国教师 1 人，本地培养的中国教师 3 人。学校常年预算总数 9,000 银元。福建协和道学院全盛之时，在学的学员达 107 人，前后毕业者有 200 多人。[45]

民国十四年（1925 年），协和道学院改用新学制，内设两科。神学科（Theological Course），3 年毕业，招收对象是高中毕业（Senior Middle School）

43 林键：《近代福州基督教神学教育事工的创始与发展（续）》（The Initiation and Development of the Christianity Theory Education Work in Fuzhou at Modern Age），同上，第 94 页；林金水等著：《福建与中西文化交流史论》，同上，第 165 页。

44 《福建协和道学院历史》，同上，第 8 页。

45 林键：《近代福州基督教神学教育事工的创始与发展（续）》（The Initiation and Development of the Christianity Theory Education Work in Fuzhou at Modern Age），同上，第 94-95 页。

或同等程度者；圣经科（Bible School Course），3 年毕业，招收对象是初中毕业（Junior Middle School）或者同等程度者。两科新生之入学年龄均在 18 岁以上。圣经科等同于高中，可称为高中特科（Specialized Senior Middle School）。[46]神学科以及圣经科均有正式课与特别课。正式课即全体学生都当学习的课程，特别课即由各个公会自己制定的课程，例如“公祷学”、“教会规章”等。[47]

1920 年代，全国掀起“反基督教同盟运动”、“收回教育权运动”。国民政府教育部针对教会学校发布“凡外人捐资设立各等学校，向教育行政官厅请求认可。学校校长，应为中国人，为请求认可之代表人。校会应以中国人占过半数。学校不得以传布宗教为宗旨”[48]等条文。此时，在学校教授神学课已成违反政府政令的行为。1927 年 3 月 24 日，福州各校学生会在仓山举行大规模的“反文化侵略、收回教育权”示威游行。福州“三 · 二四运动”将福州“收回教育权运动”推向高潮。在此境遇下，福州教会办学深感困难，福州三公会因时局严重，“各公会性质不同”，意见不能集中，“以为非根本上解决，未易达到完满目的”[49]，遂召开董事和教职员联席会议。大会一致通过，决定提前放假，从事改组。[50]实际上，福州三公会由此停办福建协和道学院。其时，院长华惠成正值休假回美，而余淑心因被推举为总议会代表赴美。福州年议会参与道学院工作“又年学期之久完全停顿”。[51]民国十六年（1927 年）的毕业班，由各公会负责维持，直至于修毕规定课程授予文凭。[52]十年后中国历史进入持续八年的全面抗日战争时期，社会动荡，教会教育事业难以开展。

46 参见林显芳：《福州美以美年会史》，同上，第 26 页，记述圣经科为 3 年制。参见美以美会福州年议会（Foochow Conference of the Methodist Episcopal Church）：《美以美会福州年议会官方会议记录》（*Official Minutes Foochow Conference of the Methodist Episcopal Church*），Shanghai: Oriental Press，1924 年，第 94 页。

47 《福建协和道学院历史》，同上，第 9 页。

48 王治心：《中国基督教史纲》，上海：上海古籍出版社，2004 年 4 月第 1 版，第 241 页。

49 《协和道学院提前放假（福建）》，刊于《兴华》，第 24 卷第 22 期，1927 年，第 31 页。

50 《协和道学院提前放假（福建）》，同上，第 31 页。

51 华惠成：《协和道学院之近况》，同上，第 13 页。

52 林显芳：《福州美以美年会史》，同上，第 26 页。

第二节　福州三公会续延神学文脉

真学书院（1928-1945 年）

民国十六年（1927 年）福建协和道学院停办后不久，中华圣公会继续展开神学教育，“真学书院”在原址复校。全面抗战爆发以后，圣公会福州三一中学迁往古田县新义山，真学书院学生寄宿于福州三一学校内，由高凌霄会长领导。民国三十年（1941 年），真学书院和三一中学同迁崇安，由秦多玛会长（Rev. Thomas R. Wilkinson）负责管理。民国三十四年（1945 年），真学书院再次并入福州三公会联合创办的福建协和神学院。[53]

1938 年（民国二十七年）前后，大英教会教育传教士秦多玛偕妻秦馥兰（Frances Wilkinson）来华布道兴学，驻福州南台。[54]抗战胜利后，秦多玛在福建协和大学从教，教授“化学”、“宗教学”课程，兼任堂会牧师。[55]1949 年 2 月 12 日，福建协和大学重新组织校政委员会，聘秦多玛为委员。[56]1950 年 9 月 15 日，秦多玛牧师夫妇一家回国。[57]

道学院（1929-1933 年）

福建会督区美以美会道学院（1933-1935 年）

华惠成：1929-1933 年，1933-1935 年

美以美会福州年会以该会不可无传道养成所为由，在民国十七年（1928 年）举行的年议会上，单独成立道学院，地址设于原保灵福音书院旧址。学制 4 年。入学资格定为初中毕业或同等学历者。学费由学校津贴，毕业后出任传道，他们的薪俸也由美以美会福州年议会规定。福州年议会派遣余淑心、华惠成具体办理道学院事宜。当时这两位牧师在美国。民国十八年（1929 年）春、秋，华惠成、余淑心先后回福州，同年秋，道学院开学，华惠成担任院长，招收神学生一个班 18 名，次年继续招收 14 名。“再过二年半”民国二十一年

53 林键：《近代福州基督教神学教育事工的创始与发展（续）》（The Initiation and Development of the Christianity Theory Education Work in Fuzhou at Modern Age），同上，第 91 页。

54 黄光域：《基督教传行中国纪年（1807-1949）》，同上，第 796 页。

55 翁迈东编辑：《福建协和大学史料汇编》，福州：福建人民出版社，2016 年 12 月第 1 版，第 85 页。

56 本书编撰组：《福建农林大学 70 年（1936-2006）》，内部资料，2006 年 8 月，第 6 页。

57 翁迈东编辑：《福建协和大学史料汇编》，同上，第 83 页。

（1932年）美以美会延平年议会、“又过一年”民国二十二年（1933年）兴化年议会各自所办福音书院先后加入。[58]至此，道学院为福建美以美会三个年议会共同举办，遂改名为“福建会督区美以美会道学院”（Fukien Methodist Theological Seminary）。[59]三家年议会各派董事三人组成董事会，且提供资助担负教员的派遣以及学生的保送读书。[60]三届毕业生共25名。学生毕业之后，均在各年议会所辖的区域内任传道。[61]自民国十八年（1929年），美以美会所开办的道学院与女神学院联合数班教学，取得良好的教学效果。[62]

余淑心与林光荣等人合影[63]

恢复美以美会神学教育工作的中方负责人余淑心，字廼良，福建古田人，纽约圣经师范学校毕业，后从美国德鲁大学（又译“都鲁大学”、“都卢大学”，Drew University）获得硕士学位；光绪二十七年（1901年）受圣职，历任古田福华堂、福州小岭堂、福州天安堂主理及福州连环司即教区长。[64]民国

58 华惠成：《协和道学院之近况》，同上，第13-14页。
59 《福建协和道学院成立》，刊于《兴华》，第32卷第33期，1935年，第31-32页。
60 华惠成：《协和道学院之近况》，同上，第14页。
61 林显芳：《福州美以美年会史》，同上，第26页。
62 华惠成：《协和道学院之近况》，同上，第14页。
63 林显芳：《福州美以美年会史》，同上，正文前插图，未标页码，按照顺序，第2页。
64 李淑仁：《福州卫理公会天安堂简史》，收录于政协福州市仓山区文史资料委员会编：《仓山文史》，第6辑，同上，第85页。

元年（1912 年）4 月 19 日，孙中山辞去临时大总统职务后经马尾来到福州城。20 日星期日上午，福州新教各派领袖在烟台山西侧的天安里天安堂举行欢迎孙中山莅临大会。各界人士踊跃参加，座无虚席。会议由时任美以美会省会教区长、天安堂主理余淑心博士主持。[65]民国十六年（1927 年）2 月 27 日，在收回教育权运动影响下，鹤龄英华书院最后一任美籍主理黄安素（Ralph A. Ward）向董事会辞去校长职务。同年 5 月 16 日，英华校董会推举余淑心等组成校务委员会，改校长制为委员制，由校务委员会处理日常校务。[66]余淑心筹办的美以美会道学院建立后，担任副院长。民国二十五年（1936 年），余淑心等编辑的《福州美以美年会史》由福州仓前上梅坞知行印刷所印行。民国三十五年（1946 年）秋，由福建省厅拨款补助的古田简易师范学校成立，余淑心担任名誉校长；民国三十六（1947 年）元月，带领海外华侨捐款 10,000 元筹建新校舍，在余氏宗祠旁拟兴建“飞机楼”1 座，主持奠基仪式，即日动工。[67]

福建基督教协和道学院（1935-1945 年）

华惠成：1935-1936 年

余淑心：1936-1938 年，委员

杨昌栋：1938-1945 年

民国二十三年（1934 年）11 月，福州三公会中唯一中断神学教育的中华基督教会闽中协会非正式提出联合开办道学院的设想，经过多次非正式讨论，认为有必要再次联合办学，次年派员参加董事部，保送数名学生入学，担负办学经费及教员薪酬。在此磋商合作过程之后，正逢前协和神学院院长何乐益、美国耶鲁神学院教务长魏格尔（又译“魏格”）博士来闽视察，就道学院问题举办讨论会，福州三公会均派代表与会，一致表示赞同联合办学。[68]民国二十四年（1935 年）5 月，为联合办学举行特别会议，中华基督教会道学委员会委员、美以美会道学院在闽董事与会，讨论两个公会合办神学教育事业的具体事项，计划推举林友书、许荣藩、高品、华惠成成为申请委员；7 月 5 日举行正

65 林恩燕主编：《行走烟台山》，同上，第 125 页。

66 林大津总主编：《福建翻译史论壹：古近代卷》，厦门：厦门大学出版社，2013 年 6 月第 1 版，第 92 页。

67 陈祖泽：《抗日战争时期古田教育事业的变迁》，收录于中国人民政治协商会议福建省古田县委员会文史资料委员会编辑：《古田文史资料》，第 13 辑，政协福建省古田县委员会文史资料委员会，内部资料，1995 年，第 35 页。

68 华惠成：《协和道学院之近况》，同上，第 14 页。

式会议，中华基督教会延平、兴化、福州各年议会各推举委员 3 人，共同在仓前山华惠成居所开会，高智会督担任主席，林友书牧师祷告，林长发牧师记录。[69]民国二十四年（1935 年）秋，中华基督教会闽中协会正式加人，校名由福建会督区美以美会道学院改为“福建基督教协和道学院”。[70]中华基督教会选派有名望的基督徒 1 人加入教员会，另外每年除了支付所派教员薪金以及学生津贴费之外另外支出日常费用 500 元。[71]华惠成任院长。学制 4 年，招收初中毕业生。9 月 14 日，重新组合成立的福建基督教协和道学院正式开学，校址设于南台仓前山。[72]最初招收学生一个班，总计 32 名。而每星期的早上崇拜，以及课堂的讲授，又与圣公会的真学书院第一年级以及美以美会的女神学各级学生联合，人数较多。民国二十五年（1936 年）春，华惠成院长由福州年议会推举为代表，赴美参加总议会，因此带职回国。2 月 27 日，华惠成携家人启程，道学院师生、女神学院长及师生、福州各堂会牧师等约百人前往送行。[73]华惠成前往美国后，福建基督教协和道学院改设委员制，举教务长余淑心为委员主席，维持院务。[74]委员会总计有 5 人组成：林友书牧师，廖国英牧师，郑天嘉牧师，耐辟师姑，余淑心牧师。

在余淑心维持院务下，民国二十五年（1936 年），福建基督教协和道学院新招收 6 名学生：汕头 1 人，延平 1 人，龙田 1 人，平潭 2 人，闽清 1 人。另外加上旧生，学校总计有 35 名学生，来自福州三公会及五团体、二省、三府、八县，其中汕头浸信会 5 人，中华基督教会 4 人，兴化年议会 1 人，延平年议会 3 人，福州年议会 22 人。全年预算 5,243 元，由合作办学的机构共同分担，其中兴化年议会、延平年议会各 948 元，福州年议会 2,847 元，中华基督教会 500 元及教员 1 位。与此同时，学生津贴每月 8 元，由各个公会自理，不列人预算之中。汕头浸信会学生的津贴由该会自理。每位学生年纳学费 20 元。此前协和道学院学生入学程度高低不等，其中有汉英文高中毕业者。自从改组

69 《福建协和道学院成立》，刊于《兴华》，第 32 卷第 33 期，1935 年，第 32 页。
70 《福建协和道学院成立》，同上，第 31-32 页。
71 《教讯：福建协和道学院成立》，刊于《兴华》，第 32 卷第 35 期，1935 年，第 28-29 页。
72 王玑：《紧要教务：协和道学院续办声（福建）》，刊于《通问报：耶稣教家庭新闻》，第 1649 期，1935 年，第 7 页。
73 《协和神学院近讯（福建）：欢送华惠成院长归国》，《兴华》，第 33 卷第 9 期，1936 年，第 28 页。
74 林显芳：《福州美以美年会史》，同上，第 26 页。

之后，为适应当时教会的环境，只收初中毕业生。完成4年学制学习后，道学院授予学生毕业文凭，其学业水平相当于大学一年级。原来学校还招收未初中毕业生，自民国二十五年（1936年）停止招收。民国二十五年（1936年）学生分为四个年级：四年级10名，三年级7名，二年级12名，一年级6名。上课时，除四年级独立授课之外，其余年级与女生合堂教学。全体教师在道学院与女神学授课，以一个星期为单位轮流上课，音乐及晨早崇拜也同样如此安排。在该年，圣公会一年级学生也前来参加。丁玉铭牧师教授一年级的“新约”课程。道学院设有基督教青年会，开展德智体群活动。学校注重学生的日常灵修活动。除了日常研经、早晚崇拜之外，每早晨五点半另外举办祷告会、特别体育活动等。每个圣日即星期日，学生全部派往当地各个教堂服务，或教主日学，或教音乐，以及开展宣道活动。其中部分学生至10多里及30多里之外的教堂工作，星期六下午出发，星期一早晨返校上课。位于道学院附近的天安堂，附设夜班义务教学，有部分学生前往帮助授课。另外，神学生开展一星期外出布道活动，随福州教区布道团前往各地工作，成为实习的一部分。民国二十五年（1936年）10月2-12日，闽北三公会举办宣道师灵修大会，特别邀请国内外牛津团契中的英美名人团队，在力公纪念楼开会。道学院全体师生参加。[75]

美国传教士耐辟师姑接续美乐安师姑任女神学院长，民国二十五年（1936年）担任协和道学院委员，次年改派闽清，道学院及女神学学生表演德育故事并致欢送祝词，以表爱敬之忱，教员会特别设宴饯别，以尽暂离之意，男女神学师生全体合影留念。[76]

民国二十七年（1938年），余淑心辞职，美以美会杨昌栋博士继任院长。杨昌栋身兼二职，担任福州协和农业职业中学校长，兼任道学院院长。其时道学院校址位于福州仓前山土地庙即今麦园路52号，教职工宿舍位于爱国路15号。在杨昌栋治校期间，他认为当时道学院所规定的学业程度，不足以应对将来教会之需求，为此力推两校实行合作，将道学院提高至大学二年级程度，原招收初中毕业生入学，学制3年[77]，经福州协和农业职业中学校董事会决议，

75 余淑心：《福建协和道学院报告书》，刊于《兴华》，第33卷第50期，1936年，第33-35页。

76 郑佑安：《福州教会近讯（福建）：协和道学院欢送耐辟师姑》，刊于《兴华》，第34卷第17期，1937年，第24页。

77 原文如此，实际上是4年制。参见《基督教中学校闻：福州协和职校校闻》，刊于

学制改为 5 年，第一年在道学院修满第一年课程，主修“《圣经》”课，第二、三年到协和农业职业中学学农业课程，且在 2 年之内修完高中所有课程，完成学业者，由协和农业职业中学授予毕业证书，第四、五年再回道学院学神学，使道学院的毕业生能适应农村的传教工作，另外可以升入南京金陵神学院深造。[78]

从事道学院行政工作的还包括：美以美会何乐益、中华基督教会闽中协会总干事林友书。担任教习的有：华惠成。学院教师有：中华圣公会的丁玉铭会长、林步基会长、上海圣约翰大学神学博士陈永恩会吏总等。[79]

民国二十七年（1938 年）日军攻占厦门。为防日寇侵犯福州，民国二十八年（1939 年）春，福建基督教协和道学院内迁闽清十五都上课，不久搬回福州上课。民国三十年（1941 年），日军进攻福州沿海地区，美国卫理公会将福建沿海 10 所中学组成卫理联合中学（简称“联中”），杨昌栋任校长。民国三十年（1941 年）4 月 24 日-9 月 3 日，日本侵华军队第一次攻占福州城。联中与福建基督教协和道学院迁闽北顺昌元坑乡上课。民国三十一年（1942 年），道学院回榕复课，杨昌栋专任道学院院长。民国三十三年（1944 年）10 月 3 日，日军第二次攻陷福州城。道学院再次迁出，至闽清二都上课，林光荣（1898-1988 年）博士任教务长。抗日战争胜利后，道学院迁回福州仓前山原址。[80]

福建基督教协和道学院注重教牧实践，师生在日常教学以及节假日外出布道。民国二十六年（1937 年）春假，道学院全体师生走出校园，到附近地区开展布道运动，分为三队：第一队长乐县由高昌牧师带队，第二队刘宅区由郑天嘉牧师率队，第三队蔗乡由廖国英牧师领导。[81]

《教育季刊》，第 15 卷第 1 期，1939 年，第 87 页。

78 《基督教中学校闻：福州协和职校校闻》，同上，第 87-88 页。

79 林键：《近代福州基督教神学教育事工的创始与发展（续）》（The Initiation and Development of the Christianity Theory Education Work in Fuzhou at Modern Age），同上，第 96 页。

80 林键：《近代福州基督教神学教育事工的创始与发展（续）》（The Initiation and Development of the Christianity Theory Education Work in Fuzhou at Modern Age），同上，第 97 页。

81 郑佑安：《福州教会近讯（福建）：协和道学院全体出发布道》，刊于《兴华》，第 34 卷第 17 期，1937 年，第 24 页。

第七章　灵程发轫：福建协和神学院的创建与合并

第一节　福建协和神学院

福建协和神学院（1945-1952 年）

民国三十二年（1943 年），南京金陵神学院教授、美以美会教育传教士章文新（Francis P. Jones，1890-1975 年）参加在福建基督教协和道学院召开的福建神学教育研究会。与会者来自中华圣公会福建教区、中华基督教会闽中协会、中华基督教卫理公会福建教区等三公会负责人，以及福建协和大学、华南女子文理学院、真学书院及福建基督教协和道学院的代表。会议期间，各公会领导人主张道学院与福建协和大学和华南女子文理学院合作，提升到大学程度，改办高级神学院，组织董事部。在此之前福州教会面临两种困境：其一，有相当于高中文化水平却未受过良好培训的牧师收入菲薄；其二，受过良好培训且毕业于燕京大学和南京金陵神学院宗教学专业的牧师在教堂任职，薪水高，但很少有教堂能支付高薪。为此，福州教会开展新的神学计划，使福建协和大学、华南女子文理学院与福建基督教协和神学院合作，联合培养有“登记记录”的学士学位的学生，可同时获神学院以及民国政府颁发的文凭。[1]

1　林键：《近代福州基督教神学教育事工的创始与发展（续）》（The Initiation and Development of the Christianity Theory Education Work in Fuzhou at Modern Age），同上，第 97 页。

民国三十四年（1945 年）3 月 8 日，在闽清县六都召开的福建协和大学董事会特别会议上，张光旭主教被推选为福建协和大学董事长。6 月，中华基督教会闽中协会、中华基督教卫理公会福建教区、中华圣公会福建教区各负责人在闽清县六都开会，决定在已有的福建基督教协和道学院办学基础之上创办福建协和神学院（Fukien Union Theological College），成立校董事会，公推张光旭为董事长。张光旭主教成为两所教会大学的董事长，可进一步加强两校之间的联系。[2]

抗战胜利后不久的民国三十四年（1945 年）9 月 4 日，福建基督教协和神学院从闽清迁回福州。新神学院地址设于仓前山麦园路原美以美会女神学院内（今福州市仓山区麦园路 52 号）。教学楼平剖面呈“H”字形，红砖青瓦，为中西合璧建筑风格。建筑中间 3 层，两边各 4 层，总建筑面积 3,531 平方米，校园面积 6 亩 2 分 5 厘。男生宿舍设于原福建基督教协和道学院教学楼之内。[3]

福建协和神学院最初设道学科（4 年制）和神学科（5 年制）。为了提高教学质量，他们提出福建协和神学院与南京金陵神学院、福建协和大学、华南女子文理学院三个院校合作办学。民国三十六年（1947 年）该院学制分为 4 种：道学科，4 年制；神学士科，5 年制，凡正式高中毕业生考入后，读完两年普通大学课程（男生在福建协和大学、女生在华南女子文理学院），再读两年或三年神学院课程后毕业；专修科，2 年制；进修科，1 年制。神学院附设圣经学校，2 年制，招收初中毕业并在教会工作过的人。男生入神学院学习即获得福建协和大学学籍，女生入神学院学习即获得华南女子文理学院学籍。第一学年学生在福建协和神学院修读神学课程，第二、三学年男女学生分别到福建协和大学和华南女子文理学院读文科，第四学年回到神学院修完神学课程。神学科学生 5 年学习期满毕业，即取得神学学士学位，又取得福建协和大学或华南女子文理学院文学士学位。民国三十四年至三十六年（1945-1947 年）春，福建协和神学院每学期学生人数为 40-50 人。从民国三十六年（1947 年）秋至

2 林键：《近代福州基督教神学教育事工的创始与发展（续）》（The Initiation and Development of the Christianity Theory Education Work in Fuzhou at Modern Age），同上，第 98 页；林金水等著：《福建与中西文化交流史论》，同上，第 165 页。

3 林键：《近代福州基督教神学教育事工的创始与发展（续）》（The Initiation and Development of the Christianity Theory Education Work in Fuzhou at Modern Age），同上，第 98 页；林金水等著：《福建与中西文化交流史论》，同上，第 165 页。

1950 年，学生人数激增，每学期在学人数达 80-90 人。[4]

至 1949 年 10 月，中华人民共和国成立之后，福建协和神学院入学人数非但没有减少，反而“激增，男女七十余人，破历来的记录。”[5]学制分为 3 种。第一种是道学士科，分 4 年制、5 年制。凡高中毕业经过考试及格录取者，攻读 4 年，除了神学课程之外，女生在华南女子文理学院，男生在福建协和大学同时兼修大学普通必修课程，4 年期满毕业可获得道学士学位。报考 5 年制者，必须高中毕业，经福建协和大学、华南女子文理学院新生考试，其中男生报考前者，女生报考后者，录取后必须经福建协和神学院宗教常识试验（即考试）合格，在神学院学习 5 年，最初 2 年在神学院共读神学课程兼修大学普通课程，第 3、4 年男生在福建协和大学，女生在华南女子文理学院，专修大学课程，第 5 年再返回神学院，5 年期满毕业可获得道学士学位，以及教育部认可的文学士学位，或农学士、理学士学位。第二种是专修科，2 年制，招收高中毕业或同等学历者，经考试及格，在福建协和神学院修学 2 年期满毕业，若成绩优良，各个方面经教员会评定为满意，可申请转入正科 4 年制，2 年中所修学分继续有效，可免修。第三种是附科，2 年制，招收初中毕业、有教会服务经验者，在神学院学习 2 年后毕业。另外，现任牧师、传道人来神学院进修，与上述各个科系程度相等者，可选各个科系课程，但须经教员会审查核准。学校设立导师制，每周举办一次小组团契，在各师长指导辅助之下，开展活动。另外，每日有公众团契集会和集体生活，师生有团契常会，其中中华基督教会即原美国公理会每星期六晚间开展师生团契会。在人民政府成立后，福建协和神学院继续重视生产科目，特别规定 4 学分为全体学生必修课程，其中包括：养猪，养兔，养蜂，土木工程，手工艺，电学，医学等。神学院设立劳动生产委员会，指导学生开展生产劳动，注重劳心与劳力、执笔与持锄相互结合、双管齐下。神学院开展多种社会和教会服务工作，其中包括：开办义务儿童学校，免费招收男女儿童，正式来校报名上课，1949 年秋季，已招收 130 多人，各级编制，授课时间与普通学校相同，程度与小学一致，校长及教员均为神学院学生义务承担。每个主日即礼拜日，神学院派遣学生至各个会堂、各个教会机关为青年团契、儿童会、主日学、圣歌团等提供服务。每个主日下午，

4 林键：《近代福州基督教神学教育事工的创始与发展（续）》（The Initiation and Development of the Christianity Theory Education Work in Fuzhou at Modern Age），同上，第 99 页；林金水等著：《福建与中西文化交流史论》，同上，第 166-167 页。

5 郑玉桂：《福建协和神学院近况简报》，同上，第 12 页。

神学院学生至医院、孤儿院、街头巷尾开展布道活动。[6]

杨昌栋：1945-1947 年

林光荣：1947-1952 年

首任院长由杨昌栋（1897-1983 年，1945-1947 年在任）担任，接任者是林光荣（1947-1952 年在任）。历任教务长包括：林光荣（1945-1947 年在任）、裴大卫（David MacDonald Paton，1913-1992 年，1948-1951 年在任）、牧师刘玉苍（1951-1952 年在任）。[7]

首任院长杨昌栋出生于福建平潭县梧井村（今苏澳镇）的贫寒农家。光绪八年（1882 年），其父原信佛，率全家改信基督。14 岁，他入福清县龙田教会学校融美学校（今福清第三中学）读书；3 年后入福州格致书院，学费由学校资助。民国八年（1919 年），杨昌栋积极参加"五四"运动。民国十年（1921 年）秋，他从格致书院毕业后，考入福建协和大学，3 年半修完 4 年课程，以优异成绩获文学士学位。民国十四年（1925 年）初，他回平潭县，任开宗中学（后改为岚华中学，今平潭第一中学）校长；是年秋，入燕京大学宗教研究院深造，3 年后，获神学硕士学位。硕士论文题目是《基督教在中古欧洲的贡献》。[8]燕京大学毕业后，杨昌栋返乡，在平潭县苏澳堂担任牧师（1928-1930 年），在梧井村、钟门下村、大练岛三处建立支堂。民国十九年（1930 年），他应聘就任福清县龙田融美中学首任中国籍校长（1930-1933 年）。民国二十二年（1933 年）秋，他赴美国耶鲁大学留学，仅 1 年，修完全部课程，获社会学博士学位。提交的论文是《对中国福建平潭农村社会调查及其改革方案》。民国二十三年（1934 年），杨昌栋学成回国，任福州协和农业职业学校校长，力持勤工俭学，使贫苦学生得到就学机会，为福建农业培养技术人才。民国二十七年（1938 年），杨昌栋兼任福建基督教协和道学院院长。民国三十年（1941 年），日寇侵闽，沿海 10 所卫理公会中学联合组成"联中"，杨昌栋任校长。"联中"先迁往闽清，再迁至顺昌。自民国三十一年（1942 年）秋，他专任道学院院长。民国三十四年（1945 年）秋，道学院迁回福州，更名为福

6 郑玉桂：《福建协和神学院近况简报》，同上，第 12-13 页。

7 林键：《近代福州基督教神学教育事工的创始与发展（续）》（The Initiation and Development of the Christianity Theory Education Work in Fuzhou at Modern Age），同上，第 98 页。

8 杨昌栋：《基督教在中古欧洲的贡献》，后经补充、修改成书，被收入"燕京宗教学丛书"，1936 年由上海广学会书局出版，2000 年由社会科学文献出版社再版。

建协和神学院，杨昌栋担任首任院长。在多次推辞不掉的情况下，杨昌栋转聘为福建协和大学代理校长（1947 年夏-1949 年初）。校内设文、理、农三个学院。民国三十八年（1949 年）5 月，杨昌栋前往美国纽约协和神学院进修。1950 年秋，他同 300 多位中国旅美学者及留学生一道乘船回国，专心教会工作。他先后当选为福州市政协委员、市人民代表和福建省文史馆委员，以及卫理公会福州年议会主席、福州基督教协进会总干事、福建基督教“三自”爱国会及协会委员、福州天安堂主任牧师等；1954 年，参加全国基督教代表会议；1956 年、1960 年、1980 年担任福建省及福州市第一、二、三届基督教“三自”爱国会副主席及全国委员；1981 年，担任福州市基督教教务委员会总干事；1980-1983 年，担任福州天安堂主任牧师。“文革”期间，他被扣以“帝国主义走狗”、“反动教头”、“资产阶级权威”等罪名，倍遭凌辱，“文革”后恢复名誉。[9]

第一任教务长、第二任院长林光荣出生于屏南县路下村基督徒家庭，先后毕业于古田私立超古初级中学、福州私立鹤龄英华书院、福建协和道学院，继而在英华书院任教员；民国十九年（1930 年），由教会资助到美国德鲁大学学习，1932 年（民国二十一年）获硕士学位。民国二十二年（1933 年）回国后，林光荣与华南女子文理学院教授程赛月结婚。程赛月出生于古田，先后获华南女子文理学院文学士学位、美国德鲁大学硕士学位，曾任古田毓馨女校教员、华南女子文理学院高中部教员，教授“宗教哲学”。[10]之后，林光荣任福州基督教仓前山教堂主任牧师。民国二十九年（1940 年），林光荣复赴美国德鲁大学学习；1942 年（民国三十一年），获哲学博士学位，其后在美工作 2 年；民国三十三年（1944 年）回国，任福建协和神学院教授兼教务长。民国三十六年（1947 年），林光荣任福建协和神学院院长，兼任福州 6 所私立学校的董事及董事长。他推进教学改革，与福州协和大学和华南女子学院联合办学。在他就任期间，1948 年，齐鲁大学医学院因战乱南迁福州，借用福州协和神学院

9　杨运融：《先父杨昌栋传略》，收录于中国人民政治协商会议福建省平潭县委员会文史资料编辑组编：《平潭文史资料》，第 4 辑，中国人民政治协商会议福建省平潭县委员会文史资料编辑组，内部资料，1985 年 10 月，第 48-53 页。另外参见黄时裕：《杨昌栋》，刊于“典华”网站：http://bdcconline.net/zh-hans/stories/yang-changdong，引用日期：2022 年 3 月 10 日。

10　李湘敏：《基督教教育与近代中国妇女》，福州：福建教育出版社，1999 年 3 月第 1 版，第 71 页。

宿舍。1952 年，全国神学院院系进行调整，福建协和神学院合并到金陵神学院，成立金陵协和神学院，林光荣任院董事、教授兼图书馆馆长。“文革”中，林光荣受到冲击。中共十一届三中全会后，人民政府为他恢复名誉。[11]

约 1940 年代的裴大卫[12]

第二任教务长裴大卫出生于伦敦，是传教士政治活动家裴威廉（William Paton，1886-1943 年）的长子。裴威廉曾至印度加尔各答传教，参与创建世界基督教协进会（The World Council of Churches, WCC）。裴大卫从牛津大学本科毕业后，担任基督教学生运动（Student Christian Movement, SCM）干事（1936-1939 年），在伯明翰大学（The University of Birmingham）建立普世牧师制度。来华之前，他由英国圣公会按立为会吏。他先后两度来华（1939-1945 年，1947-1950 年）。第一次来华期间，他先在北京习汉语，后至重庆传教（1941-1944 年），担任基督教青年会的学生干事，回英国后在剑桥大学神学院担任教员与图书馆馆长。第二次来华后，他在福建协和神学院担任教务长、膳食委员会主

11 毛希梧：《林光荣传略》，收录于中国人民政治协商会议福建省屏南县委员会文史组编：《屏南文史资料》，第 14 辑，内部资料，1995 年 12 月，第 40-42 页；李升荣主编：《屏南县志》，北京：方志出版社，1999 年 4 月第 1 版，第 807-808 页。

12 照片取自“维基百科”网站：https://zh.wikipedia.org/zh/File：David_paton.jpg，该照片属于公版权，引用日期：2022 年 7 月 28 日。

任，并从事“教会历史”课程的教学工作（1947-1950 年），同时担任张光旭主教的侍牧[13]，以及大英教会驻闽干事、侨英团体干事、圣约翰堂主任牧师。[14] 1950 年，裴大卫担任中华圣公会福建教区百周年纪念大会宣传股股长，积极筹办英国圣公会入华百年（1850-1950）纪念活动，后因安全问题取消。[15]他返回英国后担任大英教会出版社（SCM Press）编辑（1964-1969 年）、圣公会大议会传教与普世会议（Missionary and Ecumenical Council of the Church Assembly）干事（1964-1969 年）、普世合作会议（Council for Ecumenical Cooperation）干事（1959-1964 年）、伊丽莎白二世女王（Queen Elizabeth II，1926-2022 年）的宫廷牧师（1972-1983 年）、坎特伯雷主教座堂法政牧师（Canon Canterbury Cathedral）（1966-1980 年），积极推进世界基督教协进会的各项工作。裴大卫著有《瞎指挥》（*Blind Guides*）（1938 年）、《基督教传教与神的审判》（*Christian Missions and the Judgment of God*）（1953 年）、《东方和西方的传教士教会》（*The Missionary Church in East and West*）（1959 年）等书。[16]

担任第三任教务长的刘玉苍，出生于福州基督徒世家，民国六年（1917 年），入读福州三一学校 8 年制中学部“汉英学校”（Anglo-Chinese College）；民国十四年（1925 年），入读沪江大学文学系学习，翌年在圣约翰大学选修神学；民国十八年（1929 年），完成文学士学位和神学专业课程，应福州三一学校林步基校长之请回母校任教。在此期间，他协助来必翰牧师夫妇在教会学校内开展以“提倡和平主义、基督博爱精神”为宗旨的“牛津团契运动”，与林淑仪结为伉俪。民国二十七年（1938 年），福州三一学校先后迁往古田、崇安。民国二十八年（1939 年），刘玉苍辞教师职，被派往莆田教会工作，担任中华

13 张光旭：《英国差会对中华圣公会福建教区的控制》，同上，第 60-61 页。

14 参见薛平西：《英国传教士裴大卫在闽活动情况》，收录于福建省政协文史资料委员会编：《基督教天主教编》，同上，第 66-73 页；郑玉桂：《裴大卫与福州协和神学院》，同上，第 74-75 页。

15 刘玉苍：《圣公会福建教区百周年纪念和教区议会非常会议》，收录于福建省政协文史资料委员会编：《基督教天主教编》，同上，第 76-81 页。

16 E. M. Jackson：《裴大卫》（David Macdonald Paton），收录于 Gerald H. Anderson 编辑：《基督教传教人物传记辞典》（*Biographical Dictionary of Christian Missions*），Grand Rapids, Michigan: Wm. B. Eerdmans Publishing Co.，1998 年。电子版刊于“典华”网站：http://bdcconline.net/en/stories/paton-david-macdonald，引用日期：2022 年 3 月 10 日。另外参见《讣告：法政牧师裴大卫》（Obituary: Canon David Paton），刊于“独立报”网站：https://www.independent.co.uk/news/people/obituary-canon-david-paton-1534413.html，引用日期：2022 年 3 月 10 日。

圣公会福建教区莆田支区议会主席、县堂牧师、圣路加医院（St. Luke's Hospital）和高级职业护产学校牧师、教师，编辑《教会与堂会》、《医院祷文》。民国三十四年（1945 年）9 月，福建协和神学院开办，刘玉苍担任教师，主授"实用神学"和"圣经"等课程，兼任圣公会福州支区主席、福州三一中学校牧。民国三十六年（1947 年）12 月，刘玉苍前往上海，预备到英国进修；次年 1 月前往英国；2 月转赴美国，在美国纽约协和神学院进修（1948 年 9 月-1949 年 8 月），之后在美国圣公会中央神学院从事教学活动（1949 年底-1950 年 2 月）。1950 年 10 月，刘玉苍回闽，担任福建协和神学院教务长。1952 年底，福建协和神学院并入南京金陵协和神学院，刘玉苍留福建教区工作。1955 年 4 月，经教区选举，刘玉苍和薛平西当选为福建教区副主教。1958 年，中华圣公会停止活动。1967 年，刘玉苍在榕辞世。[17]

福建协和神学院的教工人员有：杨振泰牧师，担任男生部生活辅导；刘月钦（1907-？年）师姑，担任女生部生活辅导，教"儿童心理学"；陈端珪，教授，兼出纳；柏艾兰，校医；黄倩娥，图书馆员；赵峰，事务员；许道亨，会计员。中外教员包括：黎天锡，教"社会学"；裴大卫，教"系统神学"、"基督教历史"；柏基根（又译"柏其根"，Thomas McCurdy Barker，1885-1967 年），教"希腊文"及"圣经新约"；韦嘉德师姑，教"人格辅导"；力克非（Creighton Boutelle Lacy，1919-2012 年）牧师，兼职教授；力克非牧师夫人力葛锡（Frances M. Thompson Lacy，1922-2011 年），兼职教授；顾仁（Oscar Allen Guinn, Jr.，1922-？年），兼职教授，教"英语"；福路（Albert Louis Faurot，1914-1990 年），兼职教授，教"音乐"；华惠成夫人华葛维勤，兼职教授；训导主任刘玉苍，教"心理学"；李黎洲（1898-1977 年），教"汉语语文"；谢绍英，教"公共卫生"；李若初，教"汉语语文"；徐启明，教"养蜂学"；林钦一、张玉成教"花卉"。其他中外教师还包括：张秉文；詹雨时，兼职教授；梅安伦小姐，兼职教授，张芗兰（Helen H. L. Djang，1903-1970 年）博士，兼职教授，教"心理学"；李学恭，兼职教授；刘杨芬（1914-2010 年）牧师，兼职教授；彭鸿恩牧师，兼职教授；谢子康，医师；黄汉斐师姑，

---

17 参见明月：《刘玉苍》，刊于"典华"网站：http://bdcconline.net/zh-hans/stories/liu-yucang，引用日期：2022 年 7 月 29 日。另外参见刘玉苍：《圣公会福建教区百年纪念和教区议会非常会议》，同上，第 76-81 页；见刘玉苍：《早期的福州三一学校》，同上，第 424-445 页；黄仰英（Y. Y. Huang）编著：《饮水思源》（*Streams of Living Water*），同上。

美国留学生，兼职教授，曾担任南平私立剑津中学首任华人校长[18]；洪笙欢牧师，兼职教授；王历耘，兼职教授；徐绍华等。[19]就上述教工人员生平，我们至今无法一一获得详细而准确的信息，有待后来者进一步挖掘与考证。本书仅叙述所能搜索到的相关个人信息。

副主教薛平西（1904-1995 年）[20]，主教张光旭，副主教刘玉苍。[21]

外籍教授柏基根并非属于上述福州三公会的新教宗派，而是来自爱尔兰长老会的教育传教士。爱尔兰长老会在东北传教多年。1913 年（民国二年），他偕妻柏爱希（Elsie M. Louden Barker）来华，驻关东吉林省城，嗣转驻奉天（今沈阳）；民国十年（1921 年），在吉林省城东关筹办小学校；次年转驻北京，

18 陈必珍、刘光耀：《解放前南平中等教育的回顾》，收录于福建省南平市政协文史组编辑：《南平文史资料》，1981 年第 1 辑，内部资料，第 41 页。

19 林金水等著：《福建与中西文化交流史论》，同上，第 167-169 页。

20 薛平西，福建平潭人，民国二十七年（1938 年），毕业于上海神学院；民国三十七年（1948 年），赴英国进修、传道；1950 年 8 月回榕，主持福建地区的圣公会工作，先后任福建省基督教“三自”爱国会主席、福建神学院院长、福州市“三自”爱国会顾问、福建省政协委员。参见福州市地方志编纂委员会编：《福州人名志》，同上，第 488 页。

21 黄仰英（Y. Y. Huang）编著：《饮水思源》（*Streams of Living Water*），同上，第 81 页。

在燕京大学神科（后为宗教学院）任教；民国二十年（1931 年）前后，重回东北布道兴学，先后驻辽宁广宁和沈阳。太平洋战争爆发后，柏基根被日军拘禁，羁押于长崎（Nagasaki）郊外，1945 年（民国三十四年）第二颗原子弹爆炸时劫后余生，返回中国。民国三十六年（1947 年），柏基根在福建协和神学院任“希腊文”教授；1949 年，携继配转驻广州，在协和神学院任教；1951 年与家人离华回国。1956 年，柏基根被选为爱尔兰长老会总议会主席，隔年任满。柏基根编著有《现代青年新约必读》（1933 年）等书。[22]

力为廉[23]、力宣德[24]

外籍教授力克非家族三代都是美以美会在华传教士，且与教会大学结下深厚的情谊。其祖父力为廉（William Henry Lacy，1858-1925 年）出生于威斯康辛（又译“伟士康生”）州密尔沃基（又译“密武尔期”）（Milwaukee, Wisconsin），1881 年（光绪七年）毕业于西北大学（Northwestern University），

22 《柏基根》，刊于“新浪博客”网站：http://blog.sina.com.cn/s/blog_44a823a80102x5pl.html（2018-01-31 16:39:08），引用日期，2022 年 3 月 7 日。

23 取自《力为廉牧师》（Rev. William Henry Lacy），刊于“寻墓”（Find a Grave）网站：https://www.findagrave.com/memorial/122093123/william-henry-lacy，引用日期：2022 年 3 月 7 日。

24 《力宣德牧师》（Rev. George Carleton Lacy），刊于“寻墓”（Find a Grave）网站：https://www.findagrave.com/memorial/122093443/george-carleton-lacy，引用日期：2022 年 3 月 7 日。

获学士学位；之后入读加略特圣经学院，1883 年（光绪九年）获神学学士学位，同年入威斯康星年议会，被按立为牧师；1887 年（光绪十三年）10 月 1 日，由美以美会差派，携妻力倪爱玛（Emma Aince Nind Lacy，1857-1925 年）及 2 个儿子力维韬（又译“力维弢”、“力士弢”，Walter Nind Lacy，1884-1962 年）[25]、力亨利（Henry Veere Lacy，1886-1975 年）[26]，从旧金山航海至福州传教，11 月 5 日抵达福州，之后由华龄（H. W. Warren）会督按立为长牧，在福州年议会工作，担任福州鹤龄英华书院教授（1887-1893 年），兼任福清教区布道司（1889-1892 年），担任福州美华书局（Anglo-Chinese Book Concern in Foochow）主理（1891-1902 年），自光绪十九年（1893 年）专注于美华书局的出版工作；光绪二十九年（1903 年），由慕会督（Bishop Moore）派遣至沪，负责美华书局全国印务；光绪三十三年（1907 年）后在福州和上海两地任美华书局（Methodist Publishing House in China）经理，直至民国十三年（1924 年），美华书局停办为止；民国十四年（1925 年）9 月 3 日，在上海去世[27]，葬福州洋墓亭。他的 4 个儿子，即力维韬、力亨利、力宣德（又译“力加宠”，George Carleton Lacy，1888-1951 年）以及力卫尔（William Irving Lacy，1891-1963 年）[28]以及女儿力艾丽（Alice Maie Lacy，1892-1921 年）都是在华传教士。[29]

---

25 [美]力维韬（W. N. Lacy）着有：《卫理公会在华百年史》（*A Hundred Years of China Methodism*），同上。

26 力亨利出生于美国威斯康辛州基诺沙郡的普莱曾特普雷里（Pleasant Prairie, Kenosha County, Wisconsin），毕业于俄亥俄卫斯理大学和威斯康辛大学。宣统元年（1909 年），力亨利携妻力安鹿（Louise Ankeny Lacy）受美以美会派遣来华。民国元年（1912 年），力亨利前往福清，同年秋，任融美中学堂堂长，执掌校政 9 年。民国二年（1913 年），力亨利夫人来融美中学堂任教，执教“英语”课程。民国十年（1921 年）秋，力亨利调任美以美会福州年议会布道使。民国十七年（1928 年）10 月，福州三公会创办“福州基督教协和医院”。民国十九年（1930 年），力亨利任协和医院院长。1949-1952 年，力亨利前往新加坡，在男子中学任职；1952 年，力亨利回美。参见《鼓岭力亨利别墅》，刊于“福州老建筑百科”网站：http://www.fzcuo.com/index.php?doc-view-165.html，引用日期：2022 年 2 月 10 日。

27 林显芳：《福州美以美年会史》，同上，第 68 页。

28 关于力氏四兄弟的生卒年参见《力宣德牧师》（Rev. George Carleton Lacy），刊于“寻墓”（Find a Grave）网站：https://www.findagrave.com/memorial/122093443/george-carleton-lacy，引用日期：2022 年 3 月 7 日，记述力亨利出生于 1885 年。

29 参见《力为廉》（WilliamHenry Lacy [1858-1925]），刊于“维基家谱”（WikiTree）网站：https://www.wikitree.com/wiki/Lacy-2332，引用日期：2022 年 3 月 20 日。

中华基督教卫理公会第一代四大会督：力宣德、陈文渊[30]，江长川、黄安素。[31]

力克非的父亲力宣德生于福州，1914 年（民国三年）在美学成返华，初在南京补习汉语，嗣奉派至江西临川布道兴学；民国五年（1916 年），出任美以美会江西年议会会督，后兼九江同文中学（原“同文大学”或“南伟烈大学”）校长；1918 年（民国七年），与广州基督教女青年会干事鲍妎丽（Harriet Lang Boutelle）在美结婚；民国十年（1921 年）被美国圣经会（又译“美国圣经公会”、“大美圣经公会”）借调至上海，任驻华代理处干事，兼德州达拉斯《郇山先驱报》（*Zion's Herald*）和芝加哥《基督教世纪报》（*The Christian Century*）驻华通讯员；1928 年（民国十七年），利用回国休假之机在纽约哥伦比亚大学和协和神学院学习；1935 年（民国二十四年）被任命为美以美会、监理会及美普会等循道宗差会合一委办会委办，参与协商统合事宜；民国二十六年（1937 年），在上海香港路就任中华圣经会（China Bible House）首任总干事；民国三十年（1941 年），与江长川（Z. T. Kaung，1884-1958 年，华北区）、陈文渊（华西区）和黄安素（华东区），在第一届中央年议会上同被选为中华基督教卫理公会会督，领华南区[32]，因教区尚处于日军铁蹄之下，辗转活动于后方各地；民国三十三年（1944 年），所任中华圣经会总干事一职由美国信义会牧师慕天恩（Ralph Mortenson，1894-1986 年）接任。战后，力宣德至福州履任，驻仓前山，1949 年辞职，教务移交陈文渊会督，但未获准离境；1951 年，因心脏疾病在福州协和医院病故，葬福州洋墓亭。力宣德编著有《美国圣

30 [美]巴查理（Richard Terrill Baker，1913-1981 年）：《卫理公会在中国》（*Methodism in China*），同上，第 9 页。

31 [美]巴查理（Richard Terrill Baker，1913-1981 年）：《卫理公会在中国》（*Methodism in China*），同上，第 8 页。

32 [美]巴查理（Richard Terrill Baker，1913-1981 年）：《卫理公会在中国》（*Methodism in China*），同上，第 10 页。

经公会在华百年之佳果》（*A Hundred Years of The American Bible Society in China*）（1934 年）等书。[33]

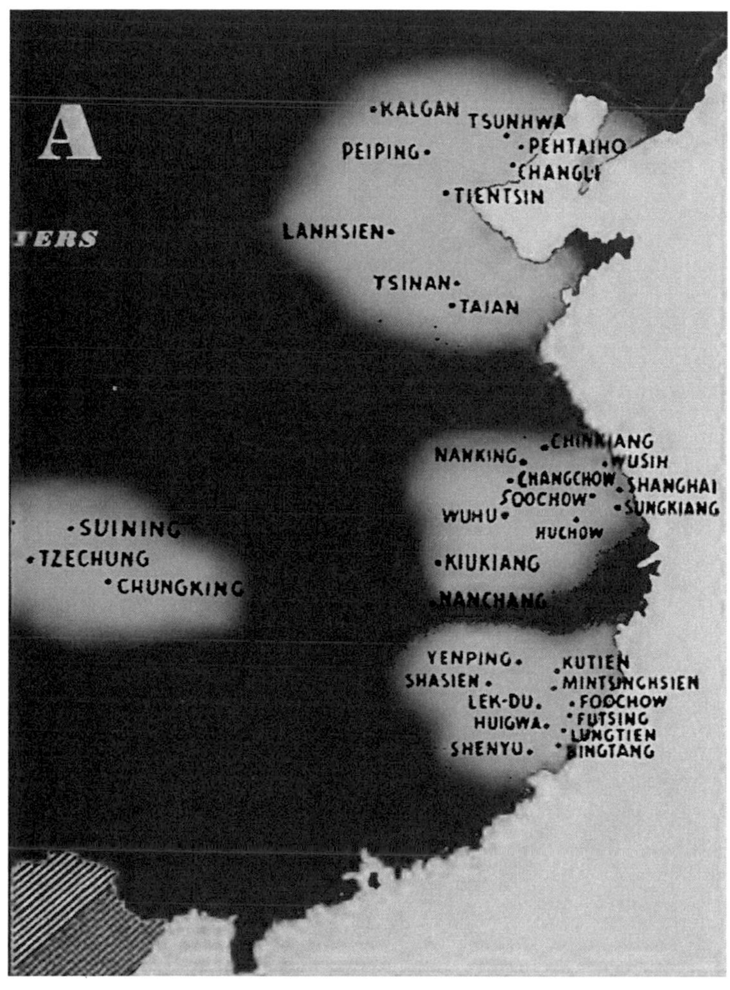

中华基督教卫理公会四会督治理的四大教区示意图[34]

力宣德出生于江西牯岭的儿子力克非在上海长大，入读上海美国学校（Shanghai American School），回美先后入读斯沃斯莫尔学院（Swarthmore College）和耶鲁大学（Yale University），获文学士、道学学士学位；1947 年（民

33 拉库爷爷的博客：《力宣德》，刊于“新浪博客”网站：http://blog.sina.com.cn/s/blog_44a823a80102x295.html，发布日期：2017-11-21 13:34:40，引用日期：2022 年 3 月 20 日。

34 [美]巴查理（Richard Terrill Baker，1913-1981 年）：《卫理公会在中国》（*Methodism in China*），同上，第 25 页

国三十六年），学成后携妻力葛锡返华，在北京、南京、福州从事教学工作，担任金陵大学、福建协和神学院教授；1950 年 12 月，回母校耶鲁大学，完成有关基督教社会伦理学的博士学位论文；1953 年，至北卡罗来纳州杜尔汉姆（Durham）郡担任杜克大学神学院（Duke University Divinity School）教授，从教卅四年。[35]

力克非夫妇墓碑[36]

1948 年（民国三十七年），美国卫理公会教育传教士顾仁来华布道兴学，驻福州乐群路，在福建协和神学院及英华中学从教（1948-1950 年）；民国三十八年（1949 年）5 月 27 日，与海友娣（Judith Heinsohn，1922-？年）在福州约翰堂举行婚礼，成为新中国建立前传教士在榕举行的最后一次婚礼。海友娣

35 参见《力克非》（Creighton Boutelle "Cork" Lacy），刊于"寻墓"（Find a Grave）网站：https://www.findagrave.com/memorial/71082764/creighton-boutelle-lacy，引用日期：2022 年 3 月 7 日。

36 位于北卡罗来纳州杜尔汉姆郡学院路 3011 号（3011 Academy Road）的朝圣基督联合教会骨灰安置所（Pilgrim United Church of Christ Columbarium），图片取自《力克非》（Creighton Boutelle "Cork" Lacy），刊于"寻墓"（Find a Grave）网站：https://www.findagrave.com/memorial/71082764/creighton-boutelle-lacy，引用日期：2022 年 3 月 7 日。

在福州协和医院工作。1950 年 12 月，顾仁夫妇被囚禁 15 月后获释放，成为最后一批离华的传教士。[37]

传教士在榕城举办的最后一次婚礼：顾仁夫妇婚礼合影、结婚证书。[38]

民国三十四年（1945 年）福路（第一排左三）在永安与师生合影[39]

外籍兼职教授福路出生于密苏里州的拉马尔（Lamar, Missouri），其父福拿单（Ira Nathan Faurot，1885-1974 年）是长老会传道人。1932 年（民国二十一年），福路入读巴克学院（Park College）；1936 年（民国二十五年），受美国

37 参见《福州教会史》，刊于“脸书”（Facebook）网站：https://www.facebook.com/foochowmission/，引用日期：2022 年 3 月 12 日。

38 图片取自《福州教会史》，刊于“脸书”（Facebook）网站：https://www.facebook.com/foochowmission/，引用日期：2022 年 3 月 12 日。

39 余乐诗（David Francis Urrows）：《“延迟的盼望”：福路在福建（1936-1950）》（'Hopes Deferred': Albert Faurot in Fujian, 1936-50.），电子版刊于“学术媒介”（academia）网站：https://www.academia.edu/69829545/Hopes_Deferred_Albert_Faurot_in_Fujian_1936_50，引用日期：2022 年 3 月 12 日，第 5 页。

公理会派遣来华传教，由被誉为“华南伊顿公学”（Eton of South China）的格致中学校长薛廷模（1896-1979 年）聘请，担任音乐教师，后在福建协和大学、位于永安的国立福建音乐专科学校（National Fujian Academy of Music）、华南女子文理学院、福建协和道学院教授音乐，担任华南女子文理学院音乐系主任。民国二十八年（1939 年），福路回美入欧伯林学院神学专业学习，获文学硕士学位；1940 年（民国二十九年），返华从事音乐教育。民国三十七年（1948 年）10 月，他组织福州百人声乐精英在“刘孟湜牧师纪念堂”（The Lau Memorial Church）用英文连续多场演唱世界经典名曲亨德尔（George Friedrich Handel，1685-1759 年）的《弥赛亚》，创下福州现代史上演唱该部严肃音乐作品人数最多的记录。1950 年，他离开中国，至菲律宾从事音乐教学工作。福路精通汉语，曾将唐诗译为英文。[40]1981 年，福路应中国人民对外友好协会及福建师范大学等单位邀请来华访问，在中央音乐学院等高校举办演奏会，期间回访他的第二故乡福州。[41]

除了上述深具学术涵养的外籍教师团队之外，本地教师也是群英荟萃。刘月钦师姑，福建闽清人，光绪三十三年（1907 年）3 月 10 日出生，民国十九年（1930 年）元月从华南女子文理学院毕业，获文学士学位，毕业后担任闽清私立毓真女子初级中学校长（1930-1932 年），之后在福州女神学教学（1932-1935 年）；民国二十四年（1935 年），入读金陵神学院；民国二十六（1937 年）毕业后，回福州女神学任教（1937-1940 年）；民国三十年（1941 年）赴美哲吾学院留学，先后获神学士、硕士学位；民国三十二年（1943 年）回国后，在华南女子文理学院及福建协和神学院从教。[42]

刘扬芬牧师出生于福州闽清县美以美会牧师家庭，其祖父、父亲均担任牧师。刘扬芬周岁时父亲病逝，家境清寒；11 岁下南洋，至马来西亚打工，5 年后回榕，半工半读完成中学及大学；民国二十八年（1939 年），从福建协和大

40 余乐诗（David Francis Urrows）：《“延迟的盼望”：福路在福建（1936-1950）》（'Hopes Deferred': Albert Faurot in Fujian, 1936-50.），电子版刊于“学术媒介”（academia）网站：https://www.academia.edu/69829545/Hopes_Deferred_Albert_Faurot_in_Fujian_1936_50，引用日期：2022 年 3 月 12 日。

41 参见《美国钢琴家福路与格致中学铜乐队》，刊于《福州晚报》，2017 年 8 月 29 日，电子版刊于“搜狐”网站：https://www.sohu.com/a/192177184_99904027，发布日期：2017-09-15 14:39，引用日期：2022 年 3 月 14 日。

42 谢必震主编：《图说华南女子学院 1908-2008）》，福州：福建教育出版社，2008 年 10 月第 1 版，第 141 页。

学毕业后留校工作 1 年，任福建协和大学总务主任，之后被派往闽清县六都镇，担任卫理公会创办的天儒、毓真联合中学校长，5 年之后至福州协和医院，担任代理院长 1 年；民国三十六年（1947 年）初，与妻子同获教会十字军奖学金留美深造 2 年，毕业于范德堡大学，获得医院管理及教育学双硕士学位。民国三十八年（1949 年）8 月，刘扬芬放弃在美优渥的工作与生活条件，携妻女绕道香港回到福州，一周之后，福州解放。刘扬芬担任福州卫理公会尚友堂（今花巷堂）1949 年后首位主任牧师（1949-1966 年）；“文革”期间被指控为美国间谍，因不肯放弃信仰而遭受迫害，与家人被流放至闽北顺昌山区劳改农场，接受监督劳动；1978 年，国家重新落实宗教政策后，获得平反，回到福州，担任花巷堂、天安堂主任牧师，参与创办福建神学院。1985 年初，刘扬芬远走美国，在纽约创立纽约基督闽恩教会；2010 年 3 月 19 日夜，逝世于纽约[43]，著有自传《穿越幽谷》。该书为非正式出版物，流传于网络。

晚年刘扬芬[44]

43 参见《一代忠仆：纽约闽恩教会首任牧师刘扬芬荣归天家》，同上。

44 照片取自《一代忠仆：纽约闽恩教会首任牧师刘扬芬荣归天家》，刊于“久安视讯连锁网”网站：http://peaceever.com/006/03/20100907/3273.html，发布时间：2010-03-23 01:29，引用日期：2022 年 7 月 29 日。

中华基督教卫理公会的张芗兰，山东临沂人，在福建协和神学院担任兼职教授。民国十年（1921 年），她中学毕业，同年考入南京金陵女子文理学院，民国十七年（1928 年）毕业，迅即赴美留学；1931 年（民国二十年），从芝加哥西北大学获哲学博士学位，回国后先在乐德女中、后在浙江湖群女中任教并兼教导主任，任南京明德女中、小学及幼儿园校长（1932-1936 年）；民国三十六年（1947 年），复赴美攻读第二博士学位，次年在美国弗吉尼亚学院获心理学博士学位；1948-1950 年，在福建协和神学院任教，教授“心理学”课程[45]；“文革”期间受到不公正待遇，1970 年去世，终生未婚。[46]张芗兰著有：《人生的透视》（*Knowing Ourselves*），中华基督教宗教教育促进会（National Committee For Christian Religious Education），1947 年；编著：《写给青春的少女》，南京：正中书局，1947 年。

李若初（1893-1974 年），名景沆，号凤林山樵，晚号凤林老人，又号癯叟，古田县杉洋镇夏庄人，出生后不久丧父，寡母余氏抚孤，授以《三字经》、《千字文》等启蒙读物；11 岁入塾，师事当地秀才余良骏习书作画；民国元年（1912 年），从省城罗山学校毕业；次年，应聘为教师，先后执教于宁德樟溪学校、霞浦作元中学、福州三一中学及陶淑、毓英女中。他被检定为福建省首批合格高中国文教员。中华人民共和国成立后，他继续执教，1974 年去世。[47]

民国三十四年至民国三十六年（1945-1947 年）春，福建协和神学院每学期学生人数约 40-50 人。从民国三十六年（1947 年）秋至 1950 年，学生人数激增，每学期在学人数达 80-90 人。民国三十六年（1947 年）福建协和神学院统计各科，包括五年级科、四年级科、专修科、圣经科，但不包括进修科，学生共 63 名，其中男生 39 名，女生 24 名。民国三十七年（1948 年）来自福州三公会的 9 位神学预科生在福建协和大学登记为三年级学生。[48]福建协和神学

45 林金水等著：《福建与中西文化交流史论》，同上，第 168 页。

46 梁启超、胡适：《新女性》，北京：首都经济贸易大学出版社，2015 年 4 月第 1 版，第 85 页。

47 余榕梅主编，游友基编著：《古田诗歌读本》，福州：海峡文艺出版社，2020 年 3 月第 1 版，第 305 页。

48 [美]徐光荣（Roderick Scott）：《福建协和大学》（*Fukien Christian University*），珠海：珠海出版社，陈建明、姜源译，1999 年第 1 版，第 138 页；林键：《近代福州基督教神学教育事工的创始与发展（续）》（The Initiation and Development of the Christianity Theory Education Work in Fuzhou at Modern Age），同上，第 99 页。徐光荣（Roderick Scot，1885-1971 年），1885 年（光绪十一年）7 月 12 日出生于纽

院创办有《协神青年》、《协神通讯》（1950 年创办）等刊物。

1950 年，美国政府下令冻结基督教总会给中国基督教教会的经费。这使中国新教教会包括神学院在内在经济上陷入困难境地。林光荣响应中共中央的号召，贯彻人民政府有关宗教方针，与福建教会一起组织教徒开展自治、自养、自传的“三自”爱国爱教运动。他是福建省基督教“三自”爱国运动委员会的主要负责人之一，积极主张并实行神学院的教学改革，增设有关农业生产、家庭手工业知识等课程，并设置相应的实践性教学环节，使毕业生能从事一些生产劳动，在解决自身生活问题的前提下，从事教会工作。

1950 年，传教士全部撤离回国后，福建协和神学院还有 5 名专任本地教师：杨振泰、张秉文、刘月钦、陈端珪、李黎洲，此外设职员一人：黄倩娥。[49]李黎洲，号祖馨，字伯羲，出生于古田县大桥镇隆德洋村，8 岁入私塾，12 岁进入古田教会学校超古学堂；民国三年（1914 年），经保送入福建协和道学院；民国五年（1916 年），参加孙中山领导的讨袁运动；次年，回福建协和道学院读书，年末南下广州参加孙中山讨段军事行动；民国十年（1921 年），南下南洋从事教学、办报工作，任《泗滨新报》、《中南日报》总编辑；1926 年（民国十五年）归国主持《福建日报》笔政。民国十五年（1926 年），蒋介石发动“马日事变”，李黎洲避难于沪；民国十八年（1929 年），东渡日本，在东京明治大学研究院研学农业经济；1933 年（民国二十二年），回闽任厦门市政府参事；民国二十六年（1937 年），被选为福建省抗日援会常委兼秘书长；民国二十八午（1939 午），当选为全国国民参政会参政员及福建省参议会参议员；民国三十三年（1944 年），任南平福建省立师范专科学校校长；民国三十四年（1945 年），调任福建省教育厅厅长；民国三十六（1947），辞厅长职，当选为

约州的奥本（Auburn）；1906 年（光绪三十二年）和 1907 年（光绪三十三年）先后获宾夕法尼亚州海弗福德学院（Haveford School）文学士和硕士学位；1908 年（光绪三十四年），获哈佛大学文学硕士学位。此后，他分别在哥伦比亚大学（1922-1923 年）及协和神学院（1930-1931 年）攻读研究生学位。1916 年（民国五年），他受美国公理会差遣赴华，在福州创建美国公理会福建基督教学院（Fukien Christian College）。不久该校改名福建协和大学。徐光荣任英语哲学和西方文化教授，同时任行政职务，直到民国三十六年（1947 年）。在此期间，他任代理校长、校长、副校长。1949 年后，他返美；1950 年至 1957 年，任密歇根州奥立维学院（Olivet College）哲学教授；1971 年 9 月 2 日，在加州的克莱蒙特市去世。

49 林键：《近代福州基督教神学教育事工的创始与发展（续）》（The Initiation and Development of the Christianity Theory Education Work in Fuzhou at Modern Age），同上，第 98 页。

中央监察委员，次年加入“三民主义同志联谊会”，后辞官归隐。中华人民共和国成立后，1950 年，李黎洲接受福建协和神学院的聘请，兼任教授，主讲“中国哲学史”、“政治经济学”等课程，组建福建“民革”，参加革命统一战线；1953 年，被推举为福建省政协委员兼解放台湾工作组副组长；1957 年，被错划为“右派”，次年又受冤案牵连被判刑，被遣送至江西珠湖农场改造；1966 年，刑满后留农场就业；“文革”期间，返闽；1977 年，病逝于福州；1983 年，获得平反，恢复名誉。[50]

第二节　1952 年之后的福建协和神学院

金陵协和神学院（1952 年-）

1952 年，全国神学院院系进行调整，福建协和神学院与其它新教神学院合并成立金陵协和神学院。1952 年 8 月，全国基督教“三自”革新委员会在上海召开华东神学教育会议。福建协和神学院派出院长林光荣牧师、教务长刘玉苍会长、最后一届学生代表陈振华组成代表团，赴上海参加该会。会议决定成立金陵协和神学院。1952 年 11 月，在中国高等教育校系调整的高潮中，华东地区 11 所新教神学院联合组成的“金陵协和神学院”（Nanjing Union Theological Seminary）正式在南京成立。这 11 所神学院是：

三一圣经学院，宁波（Trinity Theological Seminary, Ningbo），

中央神学院，上海（Central Theological Seminary, Shanghai; Central Theological School of the Chung Hua Sheng Kung Hui, Shanghai），

中国神学院，杭州（China Theological Seminary, Hangzhou），

中华浸会神学院，上海（China Baptist Theological Seminary, Shanghai），

江苏浸会圣经学院，镇江（Jiangsu Baptist Bible School, Zhenjiang），

明道圣经学院，济南（Ming Dao Bible Seminary, Jinan），

50 李祖彰：《李黎洲生平事略》，收录于中国人民政治协商会议福建省委员会文史资料研究委员会编：《福建文史资料》，第 14 辑，内部资料，1986 年 12 月，第 144-151 页；另外参见游友基编著：《古田诗歌读本》，同上，第 325 页。

金陵神学院暨金陵女子神学院，南京（Nanjing Theological Seminary, The Bible Teacher's Training School for Women, Nanjing），

华北神学院，无锡（North China Theological Seminary, Wuxi），

闽南神学院，漳州（Minnan Theological Seminary, Changzhou），

福建协和神学院，福州（Fujian Union Seminary, Fuzhou），

齐鲁神学院，济南（Cheloo Theological Seminary, Cheeloo School of Theology, Jinan）。

自 1952 年开始，原福建协和神学院董事长张光旭主教担任金陵协和神学院董事会董事。1962 年，燕京协和神学院并入金陵协和神学院。至此，全国新教神学院校全部联合。金陵协和神学院其时成为中国新教唯一一所神学院。[51]

福建协和神学院（1983-1990 年）

福建神学院（1990-）

1983 年，福建省基督教"三自"爱国运动委员会、福建省基督教协会在福州开办"福建协和神学院"。校舍位于福州城内鼓楼区花巷尚友堂即今花巷堂；1987 年 9 月，迁至福州苍霞洲基督教青年会会所。1988 年，神学院校舍位于仓山原协和建筑部办公室旧址；择仓前山乐群路 16 号建新校园，1990 年竣工后，神学院迁入，改称"福建神学院"。[52]2007 年 2 月，福州市政府以划拨价供应一块 23.29 亩土地，用于新校区建设，2014 年 9 月投入使用。新校区位于仓山区福湾路 121 号。原校区被称为老校区。

51 林键：《近代福州基督教神学教育事工的创始与发展（续）》（The Initiation and Development of the Christianity Theory Education Work in Fuzhou at Modern Age），同上，第 100 页。

52 台江区地方志编纂委员会编：《台江区志》，同上，第 830 页。

第八章　遗韵铿锵：福建协和神学院遗存录

从上文考证来看，福建协和神学院来源于福州三公会的神学教育学校。美国公理会的圣学书院位于保福山铺前顶救主堂之左旁，原址已不复存在。原铺前顶救主堂也不复存在。该堂位于今台江区八一七中路 772 号，道光二十八年（1848 年）建成，采用美式砖木结构，占地面积 636 平方米，坐西向东。[1]该堂兴办的文山女学堂[2]、小学堂[3]和格致书院，在福州地区最早推行西

1 黄钟藩：《基督教台江区简介》，收录于中国人民政治协商会议福州市台江区委员会编辑：《台江文史资料》，第 5 辑，第 69-72 页，特别参见第 69 页。

2 咸丰三年（1853 年），美国公理会在保福山创办保福山女学堂，招收贫苦人家的女孩子入学，免学费，供应生活用品，发放生活津贴。学校以《圣经》为主课，另外学习英文和算术、汉语启蒙读物。同治三年（1864 年），保福山格致书院迁入城内，女学堂迁入其旧址。光绪二十年（1894 年），美国公理会增设保福山女书院（相当于中学）。民国七年（1918 年），学校改名文山女子学校，分设中学部、小学部。历任主理由美籍师姑担任。民国十四年（1925 年）后，福州各教会学校开展收回教育权运动，学校改由华人担任校长，取消《圣经》为必修课，采取民国政府教育部规定的课程授课。民国十六年（1927 年），小学部迁往吉祥山新盖校楼，为私立文山女子小学；中学部改称私立文山女子中学。中学校长兼任小学校长。参见台江区地方志编纂委员会编：《台江区志》，同上，第 829 页。

3 咸丰八年（1858 年），美国公理会建立铺前顶救主堂，不久在该堂旁创办铺前学堂，办学具体年代无考。学堂以《圣经》为主课，兼教汉语启蒙读物，属义塾。民国初，小学堂改为初级小学。民国二十四年（1935 年）8 月，经民国政府注册核准，铺前小学改办为完全小学，易名私立文华小学。1956 年，该校由人民政府接管，改名为福州横街小学。参见台江区地方志编纂委员会编：《台江区志》，同上，第 829-830 页。

式教学方法。2005 年，因马路拓宽拆迁，原堂被拆毁，于八一七中路 806 号兴建新堂。美以美会的保灵福音书院建立之初附设于位于仓前山的鹤龄英华书院及美华书局楼上。光绪三十二年（1906 年）萌为廉就任院长之后，始于福州仓前山鹤龄路购地，建立永久性校址，即今仓山区爱国路 15 号。民国元年（1912 年），福州三公会成立福建协和道学院，校址即设于原美以美会保灵福音书院内。英国圣公会的真学书院以仓前山的蛇浦山地为永久性校址。美以美会开设的懿德道学校校址初在仓前山土地庙，旋迁聚和里。民国九年（1920 年），福建协和道学院在仓前山毓英女校对面办学，此即福建协和神学院所在地。

就上述学校遗存来看，根据 2005 年仓山区文物登记点记录，与福建协和神学院办学历史相关的历史文物名称及现地址包括：私立鹤龄英华书院，乐群路 10 号；真学书院与广学书院，施铺路 8 号；卫理公会总部，乐群路 7 号；圣公会总部（英），施铺路 34 号；美华书局旧址，仓前天安里 14 号。[4]其中与福建协和神学院办学历史直接相关的是私立鹤龄英华书院、真学书院、美华书局遗存。私立鹤龄英华书院的遗存留待后文另立书卷叙述。圣学书院、保灵福音书院即福建协和道学院遗存均不复存在。懿德道学校即福建协和神学院遗存用作商业用途，不属于文物保护单位。另外，本书对已改作他用的福建协和神学院遗存、已经消失的曾安葬传教士遗骨的洋墓亭也在此加以考证。

第一节　真学书院历史建筑群

基督教施埔堂位于今仓山区施埔路 34 号，原名“真学堂”，分上、下两层，楼下为礼堂，楼上为办公处。该教堂为回廊式建筑。原由甲、乙、丙、丁、戊、己六座大楼及附属楼组成建筑群，占地 14 亩。现今的基督教施埔堂，为两层回廊式建筑，原为真学堂丙楼。光绪五年（1879 年）10 月 18 日，胡约翰在施埔购地；光绪七年（1881 年），包尔腾筹建教堂。光绪九年（1883 年），真学堂落成。[5]民国三十年（1941 年），福州沦陷于日军的侵略。圣公会主教恒约翰以福建国际红十字会会长名义在真学书院筹建难民所。福建国际红十字

4　仓山区地方志编纂委员会：《仓山区志》，同上，第 597-599 页。

5　福州施埔基督教会：《福州施埔基督教堂简介》，刊于《福音时报》：https://www.gospeltimes.cn/article/index/id/40119，发布日期：2017 03/17 17:13，引用日期：2022 年 7 月 31 日。

会在基督教施埔总部及各难民所设点接收中国公民。“文革”期间，教堂被关闭。1990 年，真学堂改名为“基督教施埔堂”重新开放，保存至今。

原真学堂丙楼，真学书院所在地，现今的基督教施埔堂。[6]

第二节　福州美华书局旧址

福州美华书局旧址，也可视为保灵福音书院的旧址之一。咸丰九年（1859 年），在美以美会传教士怀德发起之下，美以美会建立“罗札里奥&马卡尔出版公司”（Rozario & Marcald Co.）即“福州美华印书局”或“福州美华书局”（1859-1903 年）。万为和保灵负责组建工作。咸丰十一年（1861 年）11 月，美以美会捐 700 美元买地，地址位于福州天安山麓仓前山天安里 14 号，面积 10×20 米，地价 400 美元。次年，4 层楼房落成，紧邻天安堂，美华书局正式开工。这是近代福建最早、规模最大、采用新式印刷技术的图书出版机构。顶楼是总经理和正副编辑办公室；第二层、第三层主要是工厂，内设石板印刷、装订、铅版印刷等工场，以及各国色纸、洋簿、文具等储存室，还设有专管寄

6　图片引自《福州基督教施埔堂介绍》（An Introduction to Fuzhou Shipu Christian Church），刊于“中国基督教日报”（China Christian Daily）网站：http://chinachristiandaily.com/news/category/2017-03-22/an-introduction-to-fuzhou-shipu-christian-church_4430，发布日期：March 22, 2017，引用日期：2022 年 3 月 14 日。

递及收取书报费的办公室；底层是职工家属宿舍。美华书局曾借给培元书院、英华书院、福音书院为学生宿舍。[7]任美华书局主理之职的有：万为、保灵、裴莱尔（L. M. Wheeler）、麦利和、李承恩和力为廉。书局出版大量的书籍与报刊，其中包括：麦利和的《生活在中国人之中》；保灵的福州话圣经中的《士师记》和《但以理书》；万为的《新旧约串珠圣经》、《榕腔新旧约圣经》；以及《福州地图》、《地球图》、《天文图说》、《大美国史略》、《地球全图》、《卫生浅说》等。美华书局出版的报刊包括：福建省第一份中文月刊《郇山使者》，后更名为《闽省会报》，以及《华美报》、《兴华报》、《日日新报》、《福建日日新闻》、《福建日报》、《申报》等；《福报》，是黄乃裳独资创办的福建第一份由中国人公开印行的近代报纸（1896-1898 年）；《卫理会月刊》；《传教士录》；《教务杂志》。光绪二十四年（1898 年），美华书局就近购买空地，捐建“播捷会馆”，位于福州仓前路 105 号。建筑物 4 层，为砖木结构洋楼，以许播美、许捷美名字各取一字命名，以表纪念。光绪二十九年（1903 年）6 月，福州美华书局并入上海华美书局，联合后的书局被命名为“华美书馆”，在福州设分局“福州美华书馆”（1903-1925 年）。[8]美华书局的出版物是当时神学院校必读物，其中一部分用作教材。

第三节　福建协和神学院旧址

福建协和神学院旧址，实际上也是女神学旧址，位于仓山区麦园路 52 号原文化局内，建于宣统元年（1909 年）。福建协和神学院校园原为哥特式“工字”型连体楼房建筑群，中间 3 层，两侧 2 至 4 层，建筑面积 3,531 平方米，占地面积 6 亩 2 分 5 厘。1952 年，福建协和神学院并入金陵协和神学院，原校址租赁给福州大学财经学院，用作教学楼。1953 年，原校址用作福建师院附中教学楼和教师宿舍。1983 年，该建筑群被仓山区人民政府拆建为办公大楼，现仅余 2 层侧楼即原福建协和神学院旧址建筑。门窗改为铝合金门窗，外墙贴红色瓷砖，由福州市艺术创作研究中心作为办公楼使用。该旧址建筑现已

7　李淑仁：《福州美华书局简史》，收录于福建省政协文史资料委员会编：《基督教天主教编》，同上，第 140-146 页，特别参见第 140 页。

8　李淑仁：《福州美华书局简史》，同上，第 142-146 页；另外参见张雪峰：《晚清时期传教士在福建的出版活动》，刊于《出版史料》，2005 年第 1 期，第 116-119 页，特别参见第 116-117 页。

归还福建神学院，被租赁改建为“朴墅咖啡”。[9]

协和建筑部成立于民国五年（1916 年），解放初期停止活动。[10]协和建筑部办公楼旧址位于仓山区乐群路 14 号，曾为美以美会设立的建筑设计机构“协和建筑部”的办公楼，约建于民国三十五年（1946 年），后为福建协和神学院使用。办公楼为 3 层砖混结构建筑。

第四节　福州洋墓亭

上文多次提及的洋墓亭（Foochow Mission Cemetery, Mìng-dê̤ng-ngṳ̄: Iòng-muó-dìng）是福州教会公墓，始建于道光二十八年（1848 年）。是年 5 月 25 日，美以美会传教士怀德夫人（Mrs. Jane Isabel White，1822-1848 年）病逝。[11]她是第一位逝于福州的新教传教士。清政府允许美以美会在仓前山租地以用作怀德夫人的坟墓。美以美会在仓前山桃花山麓租下一地界。时桃花山是福州本地人坟场。墓地建立之初占地数百平方英尺。其后数十年，墓地范围扩大，占地约 5-6 亩，先后埋葬自道光二十八年（1848 年）之后百年中在福州逝世的西方传教士、医生、领事、商人等，共有 400 余具尸骨。所有石棺墓穴排列整齐，长 2 米，宽 1 米，彼此间隔 0.5 米。整块墓陵呈长方形，四周有围墙，墙头呈三角形。洋墓亭东侧有一扇铁栅门，两根门石柱雕刻成中式华表的花纹；在门内侧有 1 间小屋供守墓人居住。安息于此的新教传教士还包括：瑞典行道会牧师发士（Carl Joseph Fast，1822-1850 年），他是第二位来华的瑞典传教士、第一位在福州殉道的新教传教士；美国公理会医务传教士柯为梁（Dauphin William Osgood，1845-1880 年）牧师；美以美会牧师薛承恩；大英教会教育传教士史荦伯牧师夫妇及其两个孩子；福州美国公理会会督夏察理牧师；美以美会女教育传教士程吕底亚（Lydia Trimble，1863-1941 年）牧师，她是华南女子文理学院创始人；美以美会教育传教士力宣德，他是中国大陆最后一任卫理公会会督，安葬在洋墓亭，墓碑没有标记；美以美会牧师怀礼（William Isaac

9　《福建协和神学院旧址》，刊于“福州老建筑百科”网站：http://www.fzcuo.com/index.php/index.php?doc-view-1909.html，引用日期：2022 年 7 月 31 日。

10　陈怀桢：《中华基督教卫理公会概述》，收录于福建省政协文史资料委员会编：《基督教天主教编》，同上，第 116-118 页，特别参见第 118 页。

11　[美]皮尔森（Hamilton Wilcox Pierson，1817-1888 年）：《美以美会人物传记与历史概述》（*American Missionary Memorial, Including Biographical and Historical Sketches*），New York: Harper & Brothers，1853 年，第 417-430 页。

Wiley，1825-1884 年)，及其夫人怀芳济（Frances J. Wiley，1823-1853 年)；美以美会牧师柯林；美以美会牧师万为之妻万安娜（Anna M. Wentworth，1829-1855 年)；美国公理会牧师简明（又译“甘明”，Seneca Cummings，1817-1856 年)；美以美会牧师高礼（James Colder，1826-？年）夫人高艾伦（Ellen Cordelia Winebrenner Colder，1824-1858 年)；美国公理会传教士、汉学家卢公明妻子卢智慧（Sophia Arland Hamilton Doolittle，1818-1856 年）等。[12]

福州洋墓亭[13]

洋墓亭毁于 1950 年代后期，一部分被平整扩展为福建师范大学附中校园的一部分，建立竹蓬灯光球场和小操场。1970 年“文革”时期，东侧墓地被“福州翻胎厂”（原名“仓山橡胶厂”）占用，1980 年代初迁走。该地被“金山房地产公司”收购盖商品房。原洋墓亭地界绝大部分位于福建师范大学附中校园东北部，即校门口进来的东半部至东围墙，包括“报告厅”及“行政办公楼”所在位置大部分的下方。现福州市仓山博物馆收藏三块墓碑，分别为：

Ben Herbert Marsh，1872-1904 年，美以美会牧师，光绪二十四

12 有关怀芳济、柯林、万安娜、简明、高艾伦、卢智慧的简历参见[美]皮尔森（Hamilton Wilcox Pierson，1817-1888 年)：《美以美会人物传记与历史概述》（*American Missionary Memorial, Including Biographical and Historical Sketches*），同上。

13 [美]怀礼（I. W. Wiley）编辑：《福州洋墓亭以及已故传教士：附福州及差会概要》（*The Mission Cemetery and the Fallen Missionaries of Fuh Chau, China: with an Introductory Notice of Fuh Chau and Its Missions*），New York: Carlton & Porter，1858 年，正文扉页插图。

年（1898 年），至福州传教[14]，光绪二十六年（1900 年）在福州与宾艾薇（Evelyn Cora Pinkney，1873-1962 年）结婚[15]；

J. H. Worley（华雅各）、Harry Wescott Worley（华惠成，华雅各之子）、Lt. Harry Wiltsie Worley[16]、Claragene Worley（华惠成之女）；

Nathan Sites（薛承恩）。[17]

美以美会会督怀礼墓碑[18]

14 参见《美以美会第十七次年议会报告》(*Seventeenth Annual Report of the Methodist Episcopal Church*)，Philadelphia: T. K.& P. G. Collins, Printers，1838 年，第 7 页。

15 参见宾艾薇（Evelyn Cora Pinkney），刊于"祖先"（Ancestors）网站：https://ancestors.familysearch.org/en/9SRL-NL3/evelyn-cora-pinkney-1873-1962，引用日期：2022 年 3 月 10 日。

16 华哈瑞（1920-1945 年），华惠成之子，出生于福建，妻子苏丽湾（Agnes Elizabeth Sullivan）。他二战期间服务于美国空军，担任中尉，1945 年 4 月 7 日失踪，另外在美国有他的衣冠冢，位于：Courts of the Missing, Court 2 Honolulu Memorial National Memorial Cemetery of the Pacific Honolulu, Hawaii。参见《华哈瑞》（Harry Wiltsie Worley），刊于"为国争光"（Honorstates）网站：https://www.honorstates.org/index.php?id=363064，引用日期：2022 年 3 月 10 日。

17 参见林正德：《消失了的福州洋墓亭》，刊于"福建师范大学附属中学"网站：https://sdfz.fjnu.edu.cn/7a/75/c14385a293493/page.htm，发布日期：2017-12-19，引用日期：2022 年 3 月 12 日。

18 [美]赫斯特（John Fletcher Hurst）：《美以美会史》(*The History of Methodism*)，同上，第 464 页。

第一位逝于福州的新教传教士怀德夫人[19]

19 [美]皮尔森（Hamilton Wilcox Pierson，1817-1888 年）:《美以美会人物传记与历史概述》（*American Missionary Memorial, Including Biographical and Historical Sketches*），同上，第 53 页。

参考书目

一、著述

1. [美]皮尔森（Hamilton Wilcox Pierson，1817-1888 年）：《美以美会人物传记与历史概述》（*American Missionary Memorial, Including Biographical and Historical Sketches*），New York: Harper & Brothers，1853 年。
2. [美]怀礼（I. W. Wiley，1825-1884 年）编辑：《福州洋墓亭以及已故传教士：附福州及差会概要》（*The Mission Cemetery and the Fallen Missionaries of Fuh Chau, China: with an Introductory Notice of Fuh Chau and Its Missions*），New York: Carlton & Porter，1858 年。
3. [美]麦利和（Robert Samuel Maclay）：《生活在中国人之中：附传教士工作特征概略、事件及在华前景》（*Life among the Chinese, with Characteristic Sketches and Incidents of Missionary Operations and Prospects in China*），New York: Carlton & Porter，1861 年。
4. Alexander Wylie: *Memorials of Protestant Missionaries to the Chinese*, Shanghai: American Presbyterian Mission Press，1867 年。中译本参见：[英]伟烈亚力（Alexander Wylie，1815-1887 年）：《基督教新教传教士在华名录》（*Memorials of Protestant Missionaries to the Chinese*），天津：天津人民出版社，2013 年 7 月第 1 版。
5. [英]司徒友仁（Eugene Stock，1836-1928 年）、[英]麦克兰（T. McClelland）：《为了基督：大英教会在福建》（*For Christ in Fuh-Kien*），London: Church Missionary Society，1877 年第 1 版，1882 年第 2 版，1890 年第 3 版，由

司徒友仁（Eugene Stock）撰稿，1904 年修订版由麦克兰（T. McClelland）完成。

6. [英]慕雅德（Arthur Evans Moule，1836-1918 年）编辑：《大英教会浙江传教史话》（*The Story of the Cheh-kiang Mission of the Church Missionary Society*），London, Seeley, Jackson, & Halliday，1878 年。
7. [美]美以美会（Methodist Episcopal Church Missionary Society）：《福音传全地》（*The Gospel in All Lands*），New York，无出版社信息，1880 年。
8. [英]麦嘉湖（John Macgowan）：《基督或孔子：厦门传教史话》（*Christ or Confucius, which? or, the Story of the Amoy Mission*），London: London Missionary Society，1889 年。
9. [德]花之安（Ernst Faber）：《著名的中国女性》（*Famous Women of China*），Publisher Society for the Diffusion of Christian and General Knowledge among the Chinese，1890 年。
10. [英]司徒友仁（Eugene Stock，1836-1928 年）：《大英教会福建传教史话》（*The Story of the Fuh-Kien Mission of the Church Missionary Society*），London: Seeley, Jackson & Halliday，1890 年。
11. [英]慕雅德（Arthur Evans Moule，1836-1918 年）：《荣耀之地：中国及在华传教简论》（*The Glorious Land: Short Chapters on China, and Missionary Work There*），London: Church Missionary Society，1891 年。
12. [美]毕腓力（Philip Wilson Pitcher）：《厦门五十年》（*Fifty Years in Amoy: or, a History of the Amoy Mission, China，Founded February 24, 1842*），New York: Reformed Church in America，1893 年。
13. [英]大英教会（Church Missionary Society）：《传教地图册》（*The Church Missionary Atlas*），第三部，London: Church Missionary House，1895 年。
14. [英]华玛丽（Mary E. Watson）：《史荦伯夫妇的生与死》（*Robert and Louisa Stewart: in Life and in Death*），London: Marshall Brother，1895 年。
15. [美]雷约翰（J. M. Reid，1820-1896 年）、[美]葛约翰（J. T. Gracey，1831-1912 年）：《美以美会差会及传教士》（*Missions and Missionary Society of the Methodist Episcopal Church*），第 1 卷，New York: Hunt & Eaton; Cincinnati: Cranston & Curts，1895 年。
16. [英]霍查理（Charles Hole）：《大英教会非洲、远东早期传教史：至 1814

年》（*The Early History of the Church Missionary Society for Africa and the East to the End of A.D., 1814*），London: Church Missionary Society，1896年。

17. [美]赫斯特（John Fletcher Hurst，1834-1903 年）：《基督教会史》（*History of the Christian Church*），New York: Eaton & Mains，1897 年。
18. [英]曹雅直（Grace Stott）：《在华传教二十六载》（*Twenty-six Years of Missionary Work in China*），New York: American Tract Society，1897 年。戴德生（James Hudson Taylor）作序。
19. [英]司徒友仁（Eugene Stock）：《大英教会史》（*The History of the Church Missionary Society*），第 3 卷，London: The Church Missionary Society，1899 年。
20. [美]赫斯特（John Fletcher Hurst）：《美以美会史》（*The History of Methodism*），New York: Eaton & Mains，1902 年。
21. [英]葛威廉（William Edgar Geil，1865-1925 年）：《扬子江上的美国佬：从上海经华中至缅甸之旅》（*A Yankee on the Yangtze: Being a Narrative of a Journey from Shanghai through the Central Kingdom to Burma*），London: Hodder and Stoughton，1904 年。
22. [英]万拔文（W. S. Pakenham-walsh）：《华南基督徒典范》（*Some Typical Christians of South China*），London: Marshall Brothers Keswich House，1905 年。
23. [美]摩嘉立（C. C. Baldwin）：《福州美部会：1847-1905 年》（*Foochow Mission: 1847-1905*），Boston: American Board of Commissioners for Foreign Missions，1905 年。
24. [美]柏锡福（James Whitford Bashford）：《中国与美以美会》（*China and Methodism*），Cincinnati: Jennings and Graham，1906 年。
25. [美]柏锡福（James Whitford Bashford）：《美以美会入华百年纪念文献集》（*China Centennial Documents*），出版信息不详，1907 年。
26. [英]海恩波（Marshall Broomhall，1866-1937 年）：《大清国》（*The Chinese Empire. A General and Missionary Survey*），London: Morgan & Scott，1907 年。
27. [美]毕腓力（Philip Wilson Pitcher）：《五大通商口岸之一厦门概述》（*In and*

about Amoy; Some Historical and Other Facts Connected with One of the First Open Ports in China），Shanghai: The Methodist Pub. House in China，1909 年。

28. [美]中国基督教教育委员会（Commission on Christian Education of China）：《中国基督教教育报告：现状与问题》（*Report on Christian Education in China: its Present Status and Problems*），New York: Commission on Christian Education of China，1910 年。
29. [美]薄顿（Margaret E. Burton）：《著名的现代中国女性》（*Notable Women of Modern China*），New York: Fleming H. Revel，1911 年。
30. [美]麦美德（Luella Miner，1861-1935 年）：《中国女性的基督教教育》（*The Christian Education of Chinese Women*），Chicago: Woman's Board of Missions of the Interior Congregational），出版年代不详。
31. [美]柏锡福（James Whitford Bashford）：《柏锡福会督论中国》（*Bishop Bashford on China*），New York: Open Door Emergency Commission, Missionary Society, Methodist Episcopal Church，出版年代不详。
32. [美]柏锡福（James Whitford Bashford）：《“它必贫穷”》（“*It Tendeth to Poverty*”），New York，150 Fifth Avenue: The Missionary Society of the Methodist Episcopal Church, Rindge Literature Department，出版年代不详。
33. [美]薛撒拉（Sarah Moore Sites）：《薛承恩：东方时代》（*Nathan Sites: an Epic of the East*），New York: Chicago, Toronto: Fleming H. Revell Company, 1912 年。
34. [美]薛撒拉（Sarah Moore Sites）：《医学博士許金訇》（*Hü King Eng, M. D.*），Boston: Publication Office, Woman's Foreign Missionary Society, Methodist Episcopal Church，1912 年。
35. [美]伯格斯（Lucinda Pearl Boggs）：《中国女性》)（*Chinese Womanhood*），Cincinnati: Jennings and Graham; New York: Eaton and Mains，1913 年。
36. [美]柏锡福（James Whitford Bashford）：《中国述论》（*China: An Interpretation*），New York, Cincinnati: Abingdon Press，1916 年。
37. 许扬美：《许牧师信效录》，上海：华美书局，1917 年。
38. [美]伦诺斯（William Gordon Lennox）：《在华传教士家庭健康：统计学研究》（*The Health of Missionary Families in China: a Statistical Study*），

Denver: University of Denver，1920 年。

39. [美]格罗斯（George Richmond Grose，1869-1953 年）：《美以美会牧师、教育家、会督柏锡福传》（*James W. Bashford: Pastor, Educator, Bishop*），New York, Cincinnati: The Methodist Book Concern，1922 年。
40. [美]黎天锡（Samuel Howard Leger）：《中国基督教神职人员教育历史与批评研究（*Education of Christian Ministers in China: an Historical and Critical Study*），Shanghai, China，1925 年。
41. 陈日新编：《福建兴化美以美会蒲公鲁士传》，莆田：美兴印书局活版，1925 年 8 月。
42. [美]麦利和（R. S. Maclay）、[美]保灵（C. C. Baldwin）：《榕腔注音字典》（*Dictionary of the Foochow Dialect*），黎天锡（Samuel H. Leger）修订，上海：广学会（Kwang Hsüeh Publishing House），1929 年。
43. [美]卢海伦（Helen I. Root）编辑：《美以美会在华传教概论》（*Our China Mission*），Chicago: Free Methodist Church, The Woman's Missionary Society，1932 年。
44. [美]罗黎晞（Roxy Lefforge）：《宗教教育的意义》（*What Is Religious Education*），魏秀莹（Siu-Ing Wei）译述，福州程埔头梦松居：中华美会宗教教育总事务所（Committee on Religious Education, Methodist Episcopal Church），1935 年。
45. 中华基督教宗教教育促进会：《培养教会工作人员的研究》，韦格尔及视察团编，上海：广学会，1935 年 11 月。
46. 林显芳：《福州美以美年会史》，美以美会宗教教育部事务所，民国廿五年（1936 年）。
47. [美]华惠成（Harry Wescott Worley）：《美以美会总会：教会适应研究，传教对教会组织发展的贡献》（*The Central Conference of the Methodist Episcopal Church: a Study in Ecclesiastical Adaptation, or, a Contribution of the Mission Field to the Development of Church Organization*），Foochow, China: The Christian Herald Mission Press，1940 年。
48. [美]巴查理（Richard Terrill Baker，1913-1981 年）：《卫理公会在中国》（*Methodism in China*），New York, N. Y.: Editorial Department, Joint Division of Education and Cultivation, Board of Missions and Church

Extension, General Section, the Methodist Church，1946 年。

49. [美]巴查理（Richard Terrill Baker，1913-1981）：《千秋万代：卫理公会在华第一个百年史话》（*Ten thousand Years; The Story of Methodism's First Century in China*），New York: Joint Division of Education and Cultivation, General Section, Board of Missions and Church Extension，1947 年。
50. [美]力维韬（W. N. Lacy）：《卫理公会在华百年史》（*A Hundred Years of China Methodism*），Nashville: Abingdon-Cokesbury Press，1948 年。
51. 丁先诚总编辑：《中华基督教卫理公会百周纪念册（1847-1947）》，百周年纪念委员会发行，1948 年。
52. [美]柯约翰（John C. Caldwell）：《柯志仁一家在华南沿海》（*China Coast Family*），Chicago: Henry Regnery Company，1953 年。
53. 世界卫理公会协进会（World Methodist Council）：《世界卫理公会堂中的卫理公会文献目录》（*Wesleyana Methodistica in World Methodist Building*），Lake Junaluska, North Carolina，1959 年 7 月。
54. [美]塔诺里（Noreen Dunn Tatum）：《服侍的冠冕：美南监理会女子布道史话（1878-1940 年）》（*A Crown of Service: a Story of Women's Work in the Methodist Episcopal Church, South, from 1878-1940*），Nashville, Tenn.: Parthenon Press，1960 年。
55. 黄仰英（Y. Y. Huang）编著：《饮水思源》（*Streams of Living Water*），星加坡（新加坡）：星加坡信立村，新马出版印刷（彩印）公司印刷，1972 年 6 月。
56. [美]哈尔蒙（Nolan B. Harmon）主编：《世界卫理公会百科全书》（*The Encyclopedia of World Methodism*），Nashville, Tennessee: The United Methodist Publishing House，1974 年。
57. [美]卡尔松（Ellsworth C. Carlson）：《福州美以美会传教士（1847-1880 年）》（*The Foochow Missionary, 1847-1880*），Cambridge, Mass.: East Asian Research Center, Harvard University，1974 年。
58. 福建省南平市政协文史组编辑：《南平文史资料》，1981 年第 1 辑，内部资料。
59. 上海辞书出版社编辑：《辞海：地理分册：中国地理》，上海：上海辞书出版社，1981 年 11 月第 1 版。

60. 福州市地名办公室编印:《福州市地名录》,内部资料,1983 年 3 月。
61. 汤清:《中国基督教百年史》,香港:道声出版社,1987 年 10 月。
62. 福州基督教三自爱国运动委员会文史资料工作组编:《福州基督教文史资料选辑》,第三辑,内部资料,1989 年 4 月。
63. 政协福州市仓山区文史资料委员会编:《仓山文史》,第 6 辑,政协福州市仓山区文史资料委员会,内部资料,1991 年 10 月。
64. 政协上海市普陀区委员会文史资料委员会编:《上海市普陀区文史资料》,政协上海市普陀区委员会文史资料委员会,内部资料,1991 年。
65. 中国人民政治协商会议福建省古田县委员会文史资料委员会编:《古田文史资料》,第一-三辑,内部资料,1992 年。
66. 仓山区地方志编纂委员会:《仓山区志》,福州:福建教育出版社,1994 年 11 月第 1 版。
67. 中国人民政治协商会议福建省古田县委员会文史资料委员会编辑:《古田文史资料》,第 13 辑,政协福建省古田县委员会文史资料委员会,内部资料,1995 年。
68. 郑瑞荣:《榕城格致书院——福州私立格致中学简史(1848-1952 年)》,内部资料,1995 年 10 月第 1 版。
69. 福州市教育志编纂委员会编:《福州市教育志 1308-1989》,福州市教育志编纂委员会,内部资料,1995 年 12 月。
70. 石源华主编:《中华民国外交史辞典》,上海:上海古籍出版社,1996 年 6 月第 1 版。
71. 唐希主编:《福州老照片》,“可爱的福州丛书”之七,厦门:鹭江出版社,1998 年 4 月第 1 版。
72. [美]安德森(Gerald H. Anderson):《基督教传教士传记辞典》(*Biographical Dictionary of Christian Missions*),Grand Rapids, Michigan / Cambridge, U.K.: Wm. B. Eerdmans Publishing Company,1998 年。
73. [美]徐光荣(Roderick Scott):《福建协和大学》(*Fukien Christian University*),珠海:珠海出版社,陈建明、姜源译,1999 年第 1 版。
74. 李湘敏:《基督教教育与近代中国妇女》,福州:福建教育出版社,1999 年 3 月第 1 版。
75. [美]唐日安(Ryan Dunch):《福州新教与现代中国的形成(1857-1927 年)》

（*Fuzhou Protestants and the Making of a Modern China, 1857-1927*），New Haven, Connecticut: Yale University Press，2001 年。

76. 福建省政协文史资料委员会编：《基督教天主教编》，“文史资料选编”第 5 卷，福州：福建人民出版社，2003 年 1 月第 1 版。
77. [澳大利亚]魏依兰（Ian Welch）编辑：《新南威尔士大英教会澳大利亚籍传教护士岳爱美榕城书简（1895-约 1920 年）》（*Amy Oxley: Letters from China: an Australian Missionary Nurse of the Church Missionary Association of New South Wales, Fujian Province, China 1895-c1920*），Canberra, Australia: Australian National University，电子版，2004 年。
78. 于中旻、倪徐恩秀、陈终道、吴主光、周子坚：《对再批斗倪柝声的平议》，香港：金灯台出版社，2004 年初版。
79. 王治心：《中国基督教史纲》，上海：上海古籍出版社，2004 年 4 月第 1 版。
80. 何绵山：《福建宗教文化》，天津：天津社会科学院出版社，2004 年 4 月第 1 版。
81. 林立强：《美国传教士卢公明与晚清福州社会》（*American Missionary Justus Doolittle and the Society in Fuzhou in the Late Qing Dynasty*），福州：福建教育出版社，2005 年 12 月第 1 版。
82. 戴显群主编：《福州市仓山区文史资料：仓山宗教文化萃编》，福州市仓山区政协委员会编，内部资料，2005 年 12 月。
83. 陈林：《近代福建基督教图书出版考略》，北京：海洋出版社，2006 年 11 月第 1 版。
84. 福州市政协文史资料委员会编：《福州文史集萃》，福州：海潮摄影艺术出版社，2006 年 12 月第 1 版。
85. 福州市地方志编纂委员会编：《福州人名志》，张天禄主编，福州：海潮摄影艺术出版，2007 年 1 月第 1 版。
86. 中国基督教三自爱国运动委员会、中国基督教协会编：《传教运动与中国教会》，北京：宗教文化出版社，2007 年 3 月第 1 版。
87. 詹石窗、林安梧主编：《闽南宗教》，福州：福建人民出版社，2007 年 10 月第 1 版。
88. 谢必震主编：《图说华南女子学院 1908-2008)》，福州：福建教育出版社，

2008 年 10 月第 1 版。

89. 徐天胎编著：《福建民国史稿》，福州：福建人民出版社，2009 年 9 月第 1 版。

90. [美]卢公明（Justus Doolittle）：《中国人的社会生活》（*Social Life of the Chinese*），陈泽平译，福州：福建人民出版社，2009 年 1 月第 1 版。Justus Doolittle: *Social Life of the Chinese: with Some Account of their Religious, Governmental, Educational and Business Customs and Opinions, with Special but Not Exclusive Reference to Fuhchau*，New York: Harper & Bros.，两卷本，1865 年。

91. 陈永正主编：《多学科视野中的闽都文化》，福州：福建人民出版社，2009 年 8 月第 1 版。

92. 徐心希主编：《闽都书院》，福建：福建美术出版社，2009 年 12 月第 1 版。

93. 复旦大学历史地理研究中心编：《跨越空间的文化：16-19 世纪中西文化的相遇与调适》，上海：东方出版中心，2010 年 5 月第 1 版。

94. 海峡两岸和平统一促进会编：《辛亥革命与福州》，福州：海潮摄影艺术出版社，2011 年 8 月第 1 版。

95. 吴巍巍：《西方传教士与晚清福建社会文化》，北京：海洋出版社，2011 年 10 月第 1 版。

96. 福建省地图出版社编著：《福州市地图册》，福州：福建省地图出版社，2012 年 1 月第 1 版。

97. 孙燕京、张研主编：《民国史料丛刊续编 1024：史地年鉴》，“中华续行委办会编辑：中华基督教年鉴第五期”，郑州：大象出版社，2012 年 10 月第 1 版。

98. 大津总主编：《福建翻译史论壹：古近代卷》，厦门：厦门大学出版社，2013 年 6 月第 1 版。

99. 林金水等著：《福建与中西文化交流史论》，北京：海洋出版社，2015 年 4 月第 1 版。

100. 梁启超、胡适：《新女性》，北京：首都经济贸易大学出版社，2015 年 4 月第 1 版。

101. 牛汝辰编：《中国地名掌故词典》，北京：中国社会出版社，2016 年 2 月第 1 版。

102. 林恩燕主编：《行走烟台山》，厦门：鹭江出版社，2016 年 7 月第 1 版。
103. 孟丰敏：《流翠烟台山》，福州：海峡书局，2016 年 8 月第 1 版。
104.《人文盖山魅力乡村》编纂委员会编：《人文盖山　魅力乡村》，福州：海峡文艺出版社，2016 年 10 月第 1 版。
105. 左芙蓉：《华北地区的圣公会》，北京：宗教文化出版社，2017 年 7 月第 1 版。
106. 黄光域：《基督教传行中国纪年（1807-1949）》，桂林：广西师范大学出版社，2017 年 8 月第 1 版。
107. 本书编委会：《走进格致》，福州：海峡文艺出版社，2017 年 9 月第 1 版。
108.《格物致知　真学源流》编委会编：《格物致知　真学源流：福州格致中学校史简编》，福州：海峡出版社，2017 年 10 月第 1 版。
109. 蔡锦图：《圣经在中国：附中文圣经历史目录》，香港：道风书社，2018 年初版。
110. [美]薄爱娃（Eva M. Brewster）：《美以美会入华传教士蒲星以利沙伯传（1884-1950）》（*Her Name Was Elizabeth: the Life of Elizabeth Fisher Brewster Christian Missionary to China 1884-1950*），Mount Shasta, Ca.: Red Hart Press，2019 年。
111. 余榕梅主编，游友基编著：《古田诗歌读本》，福州：海峡文艺出版社，2020 年 3 月第 1 版。
112. 严生明主编，严曦副主编：《江阴宗教史》，福清《江阴宗教史》编委会编印，内部资料，2001 年 8 月。

二、学位论文

1. 张金红：《福州地区基督教建筑研究》，福建师范大学硕士学位论文，2003 年。
2. 陈林：《近代福建基督教图书出版事业之研究（1842-1949）》，福建师范大学博士学位论文，2006 年。
3. 张金红：《胡约翰与福建安立甘会研究：1862-1915》（*Archdeacon Wolfe and C. M. S. in Fujian: 1862-1915*），福建师范大学博士学位论文，2007 年。
4. 潘丽珍：《伊人宛在——守护精神》，福建师范大学硕士学位论文，2008 年。

5. 余雅卿:《兴化美以美会文教事业之研究》,福建师范大学硕士学位论文,2010 年。

三、地方志

1. 福州市台江建设志编纂委员会编:《福州市台江建设志》,陈文忠主编,福州:福建科学技术出版社,1993 年 5 月第 1 版。
2. 台江区地方志编纂委员会编:《台江区志》,王怡挺主编,北京:方志出版社,1997 年 6 月第 1 版。
3. 福建省地方志编纂委员会编:《福建省志:教育志》,北京:方志出版社,1998 年 4 月第 1 版。
4.《洪山镇志》编纂委员会编纂:《洪山镇志》,林友明主编,福州:福建教育出版社,1998 年 11 月第 1 版。
5. 李升荣主编:《屏南县志》,北京:方志出版社,1999 年 4 月第 1 版。
6. 莆田市教育委员会编:《莆田市教育志》,刘荣玉、姚志平主编,北京:方志出版社,2000 年 3 月第 1 版。
7. 福州市地方志编纂委员会整理:《闽县乡土志 侯官县乡土志》,[清]朱景星修,郑祖庚纂,福州:海风出版社,2001 年 7 月第 1 版。
8. 闽侯县地方志编纂委员会编:《闽侯县志》,刘必寿主编,北京:方志出版社,2001 年 12 月。
9. 谢其铨主编:《于山志》,北京:大众文艺出版社,2009 年 5 月第 1 版。
10. 福州市仓山区地方志编纂:《仓山区志 1990-2005》,北京:方志出版社,2017 年 5 月。

四、文章

1. [美]蔚利高(Myron C. Wilcox):《纪念文学硕士夏察理》(In Memoriam: Rev. Charles Hartwell, M. A.),刊于《教务杂志》(*The Chinese Recorder*),第 36 期,1905 年 4 月,第 190-194 页。
2. [美]何乐益(Lewis Hodous)、林友书:《福建协和道学院》,载《中华基督教会年鉴》第三期,上海:中华读行委办会,1916 年,第 47-48 页。
3.《许则翰牧师行状》,刊于《兴华》,第 17 卷第 17 期,1920 年,第 12-15 页。
4.《教育历史:福州协和道学院历史》,刊于《神学志》,第 12 卷第 1 期,1926 年,第 154-158 页。

5.《福州协和道学院历史》，刊于《圣公会报》，第19卷第9期，1926年，第6-10页。
6.《协和道学院提前放假（福建）》，刊于《兴华》，第24卷第22期，1927年，第31页。
7.《私立圣安得烈中学更名为豫中中学并举林步基为校长，教厅已准予备案》，刊于《河南教育日报》，第242期，1932年，第2页。
8. [美]华惠成：《协和道学院之近况》，刊于《卫理》，第7卷第9-10期，1935年，第13页。
9.《教訊：福建协和道学院成立》，刊于《兴华》，第32卷第35期，1935年，第28-29页。
10. 协和道学院二级学生：《华院长五十初度祝词》，刊于《卫理》，第7卷第9-10期，1935年，第13页。
11. 王玑：《紧要教务：协和道学院续办声（福建）》，刊于《通问报：耶稣教家庭新闻》，第1649期，1935年，第7页。
12.《本刊顾问：林步基先生：[照片]》，刊于《前进月刊》，第2卷第2期，1935年，第1页。
13.《中文部：顾问林步基先生：[照片]》，刊于《华童公学校刊》，第6期，1935年，第6页。
14.《福建协和道学院成立》，刊于《兴华》，第32卷第33期，1935年，第32页。
15.《协和神学院近讯（福建）：追悼亡友》，《兴华》，第33卷第9期，1936年，第28页。
16. 余淑心：《福建协和道学院报告书》，刊于《兴华》，第33卷第50期，1936年，第33-35页。
17. 郑佑安：《福州教会近讯（福建）：协和道学院全体出发布道》，刊于《兴华》，第34卷第17期，1937年，第24页。
18.《中文部顾问：林步基先生：[照片]》，刊于《华童公学校刊》，第7期，1937年，第9页。
19.《基督教中学校闻：福州协和职校校闻》，刊于《教育季刊》，第15卷第1期，1939年，第87页。
20. 郑玉桂：《福建协和神学院近况简报》，刊于《中华基督教会全国总会公报》，第 21 卷第 10 期，1949 年 12 月，第 12-13 页。

21. [英]卫京生（F. E.Wilkinson）:《福州开辟为通商口岸早期的情况》（The Early Days of of the Treat Port of Foochow），刘玉苍译，中国人民协商会议编建省委员会文史资料编辑室编:《福建文史资料》（选辑），第一辑，福州：福建人民出版社，1962 年，第 137-166 页。

22. 刘荻秋：《毓真女子初级中学简史》，收录于中国人民政治协商会议福建省门清县委员会文史工作组编:《闽清文史资料》，第 4 辑，内部资料，1985 年，第 14-16 页。

23. 杨运融：《先父杨昌栋传略》，收录于中国人民政治协商会议福建省平潭县委员会文史资料编辑组编:《平潭文史资料》，第 4 辑，中国人民政治协商会议福建省平潭县委员会文史资料编辑组，内部资料，1985 年 10 月，第 48-53 页。

24. 邹天欢、严子祺、陈振华等:《志福州基督教教会建况》，收录于《福州基督教文史资料选辑》，第三辑，内部资料，1989 年 4 月，第 1-39 页。

25. 李祖彰：《李黎洲生平事略》，收录于中国人民政治协商会议福建省委员会文史资料研究委员会编:《福建文史资料》，第 14 辑，内部资料，1986 年 12 月，第 144-151 页。

26. 黄钟藩：《基督教台江区简介》，收录于中国人民政治协商会议福州市台江区委员会编辑:《台江文史资料》，第 5 辑，1989 年，第 69-72 页。

27. 李淑仁:《福州卫理公会天安堂简史（1856-1935）》，收录于政协福州市仓山区文史资料委员会编:《仓山文史》，第 6 辑，政协福州市仓山区文史资料委员会，内部资料，1991 年 10 月，第 81-88 页。

28. 毛希梧：《林光荣传略》，收录于中国人民政治协商会议福建省屏南县委员会文史组编:《屏南文史资料》，第 14 辑，内部资料，1995 年 12 月，第 40-42 页。

29. 福州英华中学 1943 惊涛级友联谊会编:《双庆专刊——庆祝英华母校建校 115 年（1881-1996）暨纪念陈芝美校长诞辰 100 周年》，内部资料，1996 年。

30. 林冷:《陈芝美》，收录于《福州历史人物》，第 10 辑，福州市社会科学院，内部资料，1998 年 5 月，第 90-96 页。

31. 张光旭：《英国差会对中华圣公会福建教区的控制》，收录于福建省政协文史资料委员会编：《基督教天主教编》，“文史资料选编”第 5 卷，福州：福建人民出版社，2003 年 1 月第 1 版，第 59-65 页。

32. 李湘敏:《斋教与古田教案》, 收录于福建师范大学闽台区域研究中心编:《闽台区域研究丛刊》，第 3 辑，“闽台基督教问题研究专辑”，分册主编：谢必震，北京：海洋出版社，2003 年 11 月第 1 版，第 11-22 页。
33. 王福梅:《清至民国美以美会在莆田的传播与特点》, 刊于《莆田学院学报》，第 11 卷第 1 期，2004 年 3 月，第 84-87 页。
34. [美]斯坦利（Jeffrey Staley):《金门：旧金山唐人街公理会女布道工作最初五十年（1870-1920 年)》(Gum Moon: The First Fifty Years of Methodist Women's Work in San Francisco Chinatown, 1870-1920)，刊于《阿尔戈：旧金山历史学会学刊》(*The Argonaut: Journal of the San Francisco Historical Society*)，2005 年。
35. 翁伟志:《美以美会早期华人教牧的皈依: 以福州许扬美为个案的考察》, 刊于《福建师范大学学报（哲学社会科学版)》, 2005 年第 4 期, 总第 133 期，第 112-115 页。
36. 徐以骅:《1949 年前中国基督教女子神学教育初探》, 收录于陶飞亚编:《性别与历史：近代中国妇女与基督教》，上海：上海人民出版社，2006 年 8 月第 1 版。
37. 林键:《近代福州基督教神学教育事工的创始与发展》(The Initiation and Development of the Christianity Theory Education Work in Fuzhou at Modern Age), 刊于《金陵神学志》(*Nanjing Theological Review*), 2012 年 1-2 月，第 91-92 期，第 228-244 页。
38. 林键:《近代福州基督教神学教育事工的创始与发展（续)》(The Initiation and Development of the Christianity Theory Education Work in Fuzhou at Modern Age), 刊于《金陵神学志》(*Nanjing Theological Review*), 2012 年 3-4 月，第 92-93 期，第 86-109 页。
39. 郑淑榕:《李纲与福州天宁寺之考论》, 收录于赵麟斌主编:《闽文化的精神解构》，上海：上海交通大学出版社，2015 年 8 月，第 94-100 页。
40. 吴巍巍:《宗族、乡邻与基层信众——近代福建基督教华人牧师的人际网络关系初探》, 刊于《福建师范大学学报（哲学社会科学版)》, 2016 年第 2 期（总第 197 期)，第 151-159 页。

41. 陈小勇：《本土牧师谢锡恩传：以儒术阐二约圣经》，收录于《基督教学术》第二十四辑，上海：三联书店，2020 年 12 月第 1 版，第 342-358 页。

五、网络文章

1.《从世纪农场到福州：裨益知家族书信集》(From Century Farm to Foochow: The Beard Family Letters)，刊于“耶鲁大学神学院”官方网站：https://divinity-adhoc.library.yale.edu/BeardPapers/-Beard_Introduction.pdf。

六、网站

1. “维基百科”网站：https://zh.wikipedia.org。
2. “根网”（Rootsweb）网站：https://wc.rootsweb.com。
3. “维基家谱”（Wikitree）网站：https://www.wikitree.com。
4. “中国货币收藏”（Chinese Money Matters）网站：https://chinesemoneymatters. wordpress.com。
5. “阿特拉数字图书馆”（Atla Digital Library）网站：https://commons.ptsem.edu。
6. “南加州大学数字图书馆”网站：https://digitallibrary.usc.edu。
7. “寻墓”（Find a Grave）网站：https://www.findagrave.com。
8. “新浪博客”网站：http://blog.sina.com.cn。
9. “普林斯顿神学院图书馆”（Princeton Theological Seminary Library）网站：https://princetonseminaryarchives.libraryhost.com。
10. “世界传教士”（missionaries of the world）网站：https://www.missionariesoftheworld.org。
11. “厦门基督教青年会”网站：http://www.ymca-xm.org。
12. “祖先”（ancestry）网站：https://www.ancestry.com。
13. “学术资源”（Academia）网站：https://www.academia.edu。
14. “典华”网站：http://bdcconline.net。
15. “美国海斯总统图书馆&博物馆”（Rutherford B. Hayes Presidential Library & Museums）网站：https://www.rbhayes.org。
16. “超级飞跃”（hyper leap）网站：https://hyperleap.com。
17. “教育排名”（Education Rank）网站：https://edurank.org。
18. “耶鲁大学神学院”网站：https://divinity-adhoc.library.yale.edu。

19. “加拿大宣道会高贵林国语教会”（Coquitlam Mandarin Church of The Christian and Missionary Alliance in Canada）网站：https://cmchurch.org。
20. “波士顿大学”网站：https://www.bu.edu。
21. “福州老建筑百科”网站：http://www.fzcuo.com。
22. “澳大利亚国立大学”（Australian National University）网站：https://openresearch-repository.anu.edu.au。
23. “伯明翰大学”网站：https://calmview.bham.ac.uk。
24. “布里斯托大学中国历史图片”（University of Bristol-Historical Photographs of China）网站：https://www.hpcbristol.net。
25. “英国图片馆”（National Portrait Gallery）网站：https://www.npg.org.uk。
26. “中华基督教卫理公会安素堂”网站：https://wardhall1964.wix.com。
27. “南加州大学数字图书馆”（University of Southern California Digital Library）网站：https://digitallibrary.usc.edu。
28. “基督教经典卓越图书馆”（Christian Classics Ethereal Library）网站：https://ccel.org。
29. “档案中心”（The Archives Hub）网站：https://archiveshub.jisc.ac.uk。
30. “脸书”（Facebook）网站：https://www.facebook.com。
31. “学术媒介”（academia）网站：https://www.academia.edu。
32. “搜狐”网站：https://www.sohu.com。
33. “久安视讯连锁网”网站：http://peaceever.com。
34. “中国基督教日报”（China Christian Daily）网站：http://chinachristiandaily.com。
35. “为国争光”（Honorstates）网站：https://www.honorstates.org。
36. “福建师范大学附属中学”网站：https://sdfz.fjnu.edu.cn。
37. “大马卫理公会砂华人年议会文字事业部”网站：http://scaccmm.sarawakmethodist.org。

七、期刊、集刊、丛刊

1. *Methodist Episcopal Church Newark Conference Journal*，1903 年。
2. *Methodist Episcopal Church Newark Conference Journal*，1910 年。
3.《基督教与中国文化丛刊》，第六辑，武汉：湖北教育出版社，2004 年 2 月第 1 版。

4.《神学志特号·中华基督教历史·甲篇》，1924 年。

5. 福建师范大学闽台区域研究中心编:《闽台区域研究丛刊》，第 3 辑，“闽台基督教问题研究专辑”，北京：海洋出版社，2003 年 11 月第 1 版。

八、会议手册及记录

1.《美以美会第十七次年议会报告》（*Seventeenth Annual Report of the Methodist Episcopal Church*），Philadelphia: T. K. & P. G. Collins, Printers，1838 年。

2.《康涅狄格公理会总议会 1876 年年会会议手册》（*Minutes of the General Conference of the Congregational Churches of Connecticut at the 1876 Annual Meeting*），1876 年。

3.《美以美会传教差会第七十四次年议会报告（1892 年）》（*Seventy-fourth Annual Report of Missionary Society of the Methodist Episcopal Church for the Year 1892*），New York: Printed for the Society，1893 年 1 月。

4. *Official Minutes of the Nineteenth Session of the Foochow Conference of the Methodist Episcopal Church Hold at Foochow, November, 19th, 1895*, Foochow: Methodist Publishing Press，1895 年。

5. [英]萌为廉等编:《福州美以美会第二十七次年会录》，光绪二十九年(1903 年)。

6. *Official Minutes of the Twenty-eighth Session of the Foochow Conference of the Methodist Episcopal Church Hold at Ngu-cheng October 26-31, 1904*, Shanghai and Foochow: Methodist Publishing House in China，1904 年。

7.《福州美以美会第三十二次年录》，福州：美华书局，1908 年。

8. *Official Minutes of the Thirty-fifth Session of the Foochow Annual Conference of the Methodist Episcopal Church Hold at Foochow, China December, 6-11th, 1911*, Shanghai and Foochow: Methodist Publishing House，1911 年。

9.《美以美会福州女年会第二十九次年记（1913 年 10 月 8-11 日，福州）》（*Report of the Twenty-ninth Annual Session of the Foochow Woman's Conference of the Methodist Episcopal Church Hold at Foochow October 8-11, 1913*），Foochow: Methodist Publishing House，1913 年。

10. 美以美会福州年议会（Foochow Conference of the Methodist Episcopal Church):《美以美会福州年议会官方会议记录》(*Official Minutes Foochow*

Conference of the Methodist Episcopal Church），Shanghai: Oriental Press，1923 年。

11. 美以美会福州年议会（Foochow Conference of the Methodist Episcopal Church):《美以美会福州年议会官方会议记录》(*Official Minutes Foochow Conference of the Methodist Episcopal Church*)，Shanghai: Oriental Press，1924 年。
12. 美以美会福州年议会（Foochow Conference of the Methodist Episcopal Church):《美以美会福州年议会官方会议记录》(*Official Minutes Foochow Conference of the Methodist Episcopal Church*)，1925 年 11 月 18-24 日，福州，Shanghai: Oriental Press，1925 年。
13.《中华基督教会全国总会第三届常会议录》，厦门鼓浪屿，1933 年 10 月 20-30 日。
14. 中华基督教会全国总会编:《中华基督教会全国总会第四届总议会议录》，中华基督教会全国总会，青岛，1937 年 7 月。

附　录

一、福建协和神学院院长名录

杨昌栋：1945-1947 年

林光荣：1947-1952 年

二、福建协和神学院教职员工名录[1]

职　务	姓　名	学　位	教学内容	任职年份	所属教派
董事长	张光旭	美国肯扬大学荣誉神学博士		1945-1952 年	中华圣公会
校长	杨昌栋	美国耶鲁大学社会学博士、神学博士		1945-1947 年	中华卫理公会
校长	林光荣	美国耶鲁大学神学博士		1947-1952 年	中华卫理公会
教务长	林光荣	美国耶鲁大学神学博士		1945-1947 年	中华卫理公会

1 林金水等著：《福建与中西文化交流史论》，同上，第 167-169 页。根据该书记述，此表参考如下资料：林光荣：《一九五零年本院校务概况》，收录于福建协和神学院：《协神通讯》（创刊号），1950 年 11 月，第 18-19 页；魏雪玉：《福建协和神学院毕业生手册》，1950 年；陈振华：《福建协和神学院始末》，收录于《福州基督教文史资料选辑》，第一辑，福州基督教三自爱国运动委员会文史资料工作组编，1987 年 8 月，第 72-73 页；刘玉苍：《我的历史》，手稿，1966 年。

教务长	裴戴维（David Mac Donald Paton）		系统神学、基督教历史	1948-1950 年	中华圣公会
教务长	刘玉苍	美国圣公会纽约神学院留学	心理学	1950-1952 年	中华圣公会
教授	杨振泰			1945-1952 年	中华基督教会
教授	柏其根（T. M. Barker）	博士	希腊文及圣经新约	1945-1950 年	中华圣公会
教授	刘月钦师姑		儿童心理学	1945-1952 年	中华卫理公会
教授	韦嘉德师姑		人格辅导	1945-1950 年	中华圣公会
教授	李黎洲		汉语语文	1950 年	教外人士，民革委，后任福建省教育厅厅长
教授	张秉文			1950 年	
兼任教授	福路（Albert Faurot）	美国奥伯林音乐学院博士	音乐	1950 年	中华基督教会
兼任教授	华惠成夫人			1950 年	中华卫理公会
兼任教授	力克非牧师			1950 年	中华卫理公会
兼任教授	力克非夫人			1950 年	中华卫理公会
兼任校医	柏艾兰			1950 年	中华卫理公会
兼任教授	愿仁先生（Guin）		英语		
兼任教授	詹雨时先生				
兼任教授	梅安伦小姐				
兼任教授	张萝兰	博士	心理学	1948-1950 年	中华卫理公会
兼任教授	李学恭先生				
兼任教授	刘扬芬牧师	美国留学归国		1950-1952 年	中华卫理公会
兼任教授	彭源恩牧师				中华圣公会
教授	陈端珪	美国留学归国		1950-1952 年	中华卫理公会
兼任教授	黄汉斐师姑				
兼任教授	洪笙欢牧师				中华卫理公会
兼任教授	王厉耘先生				

	李闺贞女士				
	张先正先生				中华卫理公会
	徐启明		养蜂学	1950 年	
	李若初		汉语语文	1950 年	中华圣公会
	谢绍英		公共卫生	1950 年	
医师	谢子康	美国留学			中华卫理公会
	徐绍华先生				
	林钦一				中华基督教会
	张玉成		花卉		
职员	黄情娥				中华卫理公会
总务	赵峰				中华圣公会
职员	许道亨				

《基督教文化研究丛书》

主编：何光沪、高师宁

（1-9 编书目）

初　编

（2015 年 3 月出版）

ISBN：978-986-404-209-8　　定价（台币）$28,000 元

册　次	作　者	书　名	学科别（／表示跨学科）
第 1 册	刘　平	灵殇：基督教与中国现代性危机	社会学／神学
第 2 册	刘　平	道在瓦器：裸露的公共广场上的呼告——书评自选集	综合
第 3 册	吕绍勋	查尔斯·泰勒与世俗化理论	历史／宗教学
第 4 册	陈　果	黑格尔"辩证法"的真正起点和秘密——青年时期黑格尔哲学思想的发展（1785 年至 1800 年）	哲学
第 5 册	冷　欣	启示与历史——潘能伯格系统神学的哲理根基	哲学／神学
第 6 册	徐　凯	信仰下的生活与认知——伊洛地区农村基督教信徒的文化社会心理研究（上）	社会学
第 7 册	徐　凯	信仰下的生活与认知——伊洛地区农村基督教信徒的文化社会心理研究（下）	
第 8 册	孙晨荟	谷中百合——傈僳族与大花苗基督教音乐文化研究（上）	基督教音乐
第 9 册	孙晨荟	谷中百合——傈僳族与大花苗基督教音乐文化研究（下）	

第 10 册	王　媛	附魔、驱魔与皈信——乡村天主教与民间信仰关系研究	社会学
	蔡圣晗	神谕的再造，一个城市天主教群体中的个体信仰和实践	社会学
	孙晓舒 王修晓	基督徒的内群分化：分类主客体的互动	社会学
第 11 册	秦和平	20 世纪 50－90 年代川滇黔民族地区基督教调适与发展研究（上）	历史
第 12 册	秦和平	20 世纪 50－90 年代川滇黔民族地区基督教调适与发展研究（下）	
第 13 册	侯朝阳	论陀思妥耶夫斯基小说的罪与救赎思想	基督教文学
第 14 册	余　亮	《传道书》的时间观研究	圣经研究
第 15 册	汪正飞	圣约传统与美国宪政的宗教起源	历史／法学

二　编

（2016 年 3 月出版）

ISBN：978-986-404-521-1

定价（台币）$20,000 元

册　次	作　者	书　名	学科别 （／表示跨学科）
第 1 册	方　耀	灵魂与自然——汤玛斯·阿奎那自然法思想新探	神学／法学
第 2 册	劉光順	趋向至善——汤玛斯·阿奎那的伦理思想初探	神学／伦理学
第 3 册	潘明德	索洛维约夫宗教哲学思想研究	宗教哲学
第 4 册	孫　毅	转向：走在成圣的路上——加尔文《基督教要义》解读	神学
第 5 册	柏斯丁	追随论证：有神信念的知识辩护	宗教哲学
第 6 册	李向平	宗教交往与公共秩序——中国当代耶佛交往关系的社会学研究	社会学
第 7 册	張文舉	基督教文化论略	综合
第 8 册	趙文娟	侯活士品格伦理与赵紫宸人格伦理的批判性比较	神学伦理学
第 9 册	孫晨薈	雪域圣咏——滇藏川交界地区天主教仪式与音乐研究（增订版）（上）	基督教音乐
第 10 册	孫晨薈	雪域圣咏——滇藏川交界地区天主教仪式与音乐研究（增订版）（下）	
第 11 册	張　欣	天地之间一出戏——20 世纪英国天主教小说	基督教文学

三　编

（2017 年 9 月出版）

ISBN：978-986-485-132-4　　定价（台币）$11,000 元

册　次	作　者	书　名	学科别（／表示跨学科）
第 1 册	赵　琦	回归本真的交往方式——托马斯·阿奎那论友谊	神学／哲学
第 2 册	周兰兰	论维护人性尊严——教宗若望保禄二世的神学人类学研究	神学人类学
第 3 册	熊径知	黑格尔神学思想研究	神学／哲学
第 4 册	邢　梅	《圣经》官话和合本句法研究	圣经研究
第 5 册	肖　超	早期基督教史学探析（西元 1~4 世纪初期）	史学史
第 6 册	段知壮	宗教自由的界定性研究	宗教学／法学

四　编

（2018 年 9 月出版）

ISBN：978-986-485-490-5　　定价（台币）$18,000 元

册　次	作　者	书　名	学科别（／表示跨学科）
第 1 册	陈卫真 高　山	基督、圣灵、人——加尔文神学中的思辨与修辞	神学
第 2 册	林庆华	当代西方天主教相称主义伦理学研究	神学／伦理学
第 3 册	田燕妮	同为异国传教人：近代在华新教传教士与天主教传教士关系研究（1807 ~ 1941）	历史
第 4 册	张德明	基督教与华北社会研究（1927 ~ 1937）（上）	社会学
第 5 册	张德明	基督教与华北社会研究（1927 ~ 1937）（下）	
第 6 册	孙晨荟	天音北韵——华北地区天主教音乐研究（上）	基督教音乐
第 7 册	孙晨荟	天音北韵——华北地区天主教音乐研究（下）	
第 8 册	董丽慧	西洋图像的中式转译：十六十七世纪中国基督教图像研究	基督教艺术
第 9 册	张　欣	耶稣作为明镜——20 世纪欧美耶稣小说	基督教文学

五　编

（2019 年 9 月出版）

ISBN：978-986-485-809-5　　定价（台币）$20,000 元

册　次	作　者	书　名	学科别（／表示跨学科）
第 1 册	王玉鹏	纽曼的启示理解（上）	神学
第 2 册	王玉鹏	纽曼的启示理解（下）	
第 3 册	原海成	历史、理性与信仰——克尔凯郭尔的绝对悖论思想研究	哲学
第 4 册	郭世聪	儒耶价值教育比较研究——以香港为语境	宗教比较
第 5 册	刘念业	近代在华新教传教士早期的圣经汉译活动研究（1807～1862）	历史
第 6 册	鲁静如 王宜强 编著	溺女、育婴与晚清教案研究资料汇编（上）	资料汇编
第 7 册	鲁静如 王宜强 编著	溺女、育婴与晚清教案研究资料汇编（下）	
第 8 册	翟风俭	中国基督宗教音乐史（1949 年前）（上）	基督教音乐
第 9 册	翟风俭	中国基督宗教音乐史（1949 年前）（下）	

六　编

（2020 年 3 月出版）

ISBN：978-986-518-085-0　　定价（台币）$20,000 元

册　次	作　者	书　名	学科别（／表示跨学科）
第 1 册	陈倩	《大乘起信论》与佛耶对话	哲学
第 2 册	陈丰盛	近代温州基督教史（上）	历史
第 3 册	陈丰盛	近代温州基督教史（下）	
第 4 册	赵罗英	创造共同的善：中国城市宗教团体的社会资本研究——以 B 市 J 教会为例	人类学
第 5 册	梁振华	灵验与拯救：乡村基督徒的信仰与生活（上）	人类学
第 6 册	梁振华	灵验与拯救：乡村基督徒的信仰与生活（下）	
第 7 册	唐代虎	四川基督教社会服务研究（1877～1949）	人类学
第 8 册	薛媛元	上帝与缪斯的共舞——中国新诗中的基督性（1917～1949）	基督教文学

七 编

（2021 年 3 月出版）

ISBN：978-986-518-381-3

定价（台币）$22,000 元

册 次	作 者	书 名	学科别（／表示跨学科）
第 1 册	刘锦玲	爱德华兹的基督教德性观研究	基督教伦理学
第 2 册	黄冠乔	保尔. 克洛岱尔天主教戏剧中的佛教影响研究	宗教比较
第 3 册	宾静	清代禁教时期华籍天主教徒的传教活动（1721～1846）（上）	基督教历史
第 4 册	宾静	清代禁教时期华籍天主教徒的传教活动（1721～1846）（下）	
第 5 册	赵建玲	基督教"山东复兴"运动研究（1927～1937）（上）	基督教历史
第 6 册	赵建玲	基督教"山东复兴"运动研究（1927～1937）（下）	
第 7 册	周浪	由俗入圣：教会权力实践视角下乡村基督徒的宗教虔诚及成长	基督教社会学
第 8 册	查常平	人文学的文化逻辑——形上、艺术、宗教、美学之比较（修订本）（上）	基督教艺术
第 9 册	查常平	人文学的文化逻辑——形上、艺术、宗教、美学之比较（修订本）（下）	

八 编

（2022 年 3 月出版）

ISBN：978-986-404-209-8

定价（台币）$45,000 元

册 次	作 者	书 名	学科别（／表示跨学科）
第 1 册	查常平	历史与逻辑：逻辑历史学引论（修订本）（上）	历史学
第 2 册	查常平	历史与逻辑：逻辑历史学引论（修订本）（下）	
第 3 册	王澤偉	17～18 世紀初在華耶穌會士的漢字收編：以馬若瑟《六書實義》為例（上）	语言学
第 4 册	王澤偉	17～18 世紀初在華耶穌會士的漢字收編：以馬若瑟《六書實義》為例（下）	
第 5 册	刘海玲	沙勿略：天主教东传与东西方文化交流	历史
第 6 册	郑媛元	冠西东来——咸同之际丁韪良在华活动研究	历史

第 7 册	刘影	基督教慈善与资源动员——以一个城市教会为中心的考察	社会学
第 8 册	陈静	改变与认同: 瑞华浸信会与山东地方社会	社会学
第 9 册	孙晨荟	众灵的雅歌——基督宗教音乐研究文集	基督教音乐
第 10 册	曲艺	默默存想，与神同游——基督教艺术研究论文集（上）	基督教艺术
第 11 册	曲艺	默默存想，与神同游——基督教艺术研究论文集（下）	
第 12 册	利瑪竇著、梅謙立漢注 孫旭義、奧覓德、格萊博基譯	《天主實義》漢意英三語對觀（上）	经典译注
第 13 册	利瑪竇著、梅謙立漢注 孫旭義、奧覓德、格萊博基譯	《天主實義》漢意英三語對觀（中）	
第 14 册	利瑪竇著、梅謙立漢注 孫旭義、奧覓德、格萊博基譯	《天主實義》漢意英三語對觀（下）	
第 15 册	刘平	明清民初基督教高等教育空间叙事研究——中国教会大学遗存考（第一卷）(上)	资料汇编
第 16 册	刘平	明清民初基督教高等教育空间叙事研究——中国教会大学遗存考（第一卷）(下)	

九　编

（2023 年 3 月出版）

ISBN：000-000-000-000-0

定价（台币）$56,000 元

册　次	作　者	书　名	学科别 （／表示跨学科）
第 1 册	郑松	麦格拉思福音派神学思想研究	神学
第 2 册	任一超	心灵改变如何可能？——从康德到齐克果	基督教哲学
第 3 册	劉沐比	論趙雅博基本倫理學和特殊倫理學之串連	基督教伦理学
第 4 册	王务梅	论马丁 · 布伯的上帝观	基督教与犹太教

第 5 册	肖音	明末吕宋之中西文化交流（上）	教会史
第 6 册	肖音	明末吕宋之中西文化交流（下）	
第 7 册	张德明	基督教五年运动与民国社会（上）	教会史
第 8 册	张德明	基督教五年运动与民国社会（下）	
第 9 册	陈铃	落幕：美国新教在华传教事业的终结（1945～1952）	教会史
第 10 册	黄畅	全球史视角下基督教在英国殖民统治中的作用——以 1841～1914 年的香港和约鲁巴兰为例	教会史
第 11 册	杨道圣	言像之辩：基督教的图像与图像中的基督教	基督教艺术
第 12 册	張雅斐	晚清聖經人物漢語傳記研究——以聖經在華接受史的視角	基督教艺术
第 13 册	包兆会	缪斯与上帝的相遇——基督宗教文艺研究论文集	基督教文学
第 14 册	张欣	浪漫的神学：英国基督教浪漫主义略论	基督教文学
第 15 册	刘平	明清民初基督教高等教育空间叙事研究——中国教会大学遗存考（第二卷：福建协和神学院）	资料汇编
第 16 册	刘平、赵曰北主编	传真道于中国——赫士及华北神学院百年纪念文集（第一册）	论文集
第 17 册	刘平、赵曰北主编	传真道于中国——赫士及华北神学院百年纪念文集（第二册）	
第 18 册	刘平、赵曰北主编	传真道于中国——赫士及华北神学院百年纪念文集（第三册）	
第 19 册	刘平、赵曰北主编	传真道于中国——赫士及华北神学院百年纪念文集（第四册）	
第 20 册	刘平、赵曰北主编	传真道于中国——赫士及华北神学院百年纪念文集（第五册）